Poner límites a tu hijo

Tania Zagury

Poner límites a tu hijo

Cómo, cuándo y por qué decir «no»

 integral

Poner límites a tu hijo

Título original: Limites sem trauma
Autora: Tania Zagury
Traducción: Angela María Da Silva y Víctor Enrique Arellano
Diseño de cubierta: Opalworks
Compaginación: Marquès, SL

© del texto, Tania Zagury, 2000
© de esta edición:
   RBA Libros, S.A., 2005
   Pérez Galdós, 36 – 08012 Barcelona
   www.rbalibros.com / rba-libros@rba.es
   Editorial del Nuevo Extremo, S.A., 2005
   Juncal 4651 (1425) Buenos Aires – Argentina

Primera edición: enero 2005

Ref.: LR-67
ISBN: 84-7871-243-7
Depósito legal: B. 1420 - 2005
Impreso por Novagràfik (Montcada i Reixac)

ÍNDICE

5

A mi querido marido Leão, alma gemela,
compañero de toda la vida,
con quien aprendí que sólo para
el verdadero amor no hay límites.

«Cuando tenía 17 años consideraba a mi padre
la persona más estúpida del mundo.
A los 21 me pareció maravilloso lo que él
había aprendido en tan sólo cuatro años...»

MARK TWAIN

«Mi mayor orgullo a los 80 años es saber
la mitad de lo que pensaba saber a los 20...»

PABLO PICASSO

1. Límites, ¿sí o no?

Antes, ni siquiera se discutía sobre el asunto

El niño no sabía; por lo tanto, necesitaba aprender. Y nosotros, los adultos, teníamos que enseñarle. De modo que, por ejemplo, cuando el niño hacía algo que no correspondía, contestaba mal a su abuela, agredía a un amigo o no quería hacer los deberes, los padres no dudaban: intervenían, corregían, lo castigaban y muchos ¡hasta les pegaban! En casa guardamos una aterradora e increíble palmeta de una ex maestra de mi suegro, que un día mi marido consiguió para incluirla en su colección de antigüedades... con la particular característica de haber sido usada para castigar al abuelo de mis hijos. ¿Quién podría creerlo hoy?

Con los cambios ocurridos durante el siglo XX, tanto en el campo de las relaciones humanas como en el campo de la educación, las personas fueron aprendiendo a respetar a los niños, comprendieron que ellos tienen —como es lógico— derecho a opinar, gustos y aptitudes propias, y hasta malestares pasajeros, exactamente como nosotros, los adultos. Y pensar que hace poco más de tres décadas nuestros padres decían, absolutamente convencidos: «Los niños no tienen voz ni voto». ¿Quién no se acuerda?

No hay duda de que con esta nueva actitud muchas cosas

han mejorado para los niños y, con seguridad, también para los adultos. La relación entre padres e hijos ha pasado a ser más auténtica y el trato de aquéllos menos autoritario. El poder absoluto de los padres sobre los hijos ha sido sustituido por una relación más democrática. Y el entendimiento ha crecido... y todos hemos sido más felices...

Pero, ¿es cierto que las cosas han ocurrido para todos de una manera tan armoniosa?

En realidad, no. En muchos casos han surgido problemas, producto de equivocaciones y distorsiones en esa nueva forma de relación familiar.

¿Y por qué? ¿No será que, en definitiva, esas nuevas teorías estaban equivocadas? En parte, sí; y en parte, no. El mayor problema es que muchos padres han tenido —y continúan teniendo— serias dificultades para llevar a la práctica esta nueva forma de educar, que de hecho es más difícil.

¿Cómo saber cuándo decir sí y cuándo decir no? Los padres hasta se preguntan, afligidos, si de acuerdo con estas nuevas teorías existe realmente una hora para decir no. En la actualidad, negar alguna cosa a los hijos parece ser un crimen, un verdadero pecado o, como mínimo, un acto autoritario, un modelo de educar anticuado. En definitiva, muchos libros publicados indican todo lo que no se debe hacer y muy pocos presentan, en realidad, una directriz para clarificar el camino de aquel que quiere orientar bien a sus hijos.

Muchos padres y madres tienen serias dificultades para llevar a la práctica aquellas ideas tan bonitas que tenían en mente al iniciar el largo y delicado camino de la formación de nuevas generaciones: «Conmigo será todo diferente; no voy a ser igual a mis padres en nada...», afirman, convencidos. Y llenos de buenas intenciones tiran adelante hasta que... de repente, las cosas dejan de ser tan simples y fáciles. Por el contrario, el día a día parece ser mucho, pero mucho más complicado. ¡Ay, Dios mío!, ¿qué voy a hacer?

La madre había explicado a su hijo —con absoluta claridad y mucho cariño, sin autoritarismo, llena de comprensión y con toda la razón del mundo— que él no debería haber cogido ese CD que, al final, de forma tan inocente, terminó rayando... ¡pobrecito! Y aun así, a pesar de todo lo hablado, de todo el afecto que se le demostró y de tantas explicaciones racionales, el disco se rayó ¡sí!, ¡y no sólo uno, sino varios! Y eso que había explicado todo con tanto cariño y amor. ¡Tendría que haber dado resultado! Después de todo, utilizó toda la psicología, ¿o no fue así? Entonces, ¿qué está sucediendo? Habló, explicó, sonrió, explicó de nuevo, acarició, comprendió; todo, todo siguiendo las normas de la nueva educación... ¿no será que su dulce hijito no entiende el diálogo? En definitiva, la ma-ra-vi-llo-sa colección de CDs del marido fue a parar a la basura. ¿Cómo es posible? ¿Y ahora?

¿En qué me he equivocado?, se preguntan, desesperados, los padres. Ellos conversan, explican; sin agresiones ni imposiciones, sin palizas ni castigos... y pese a todo, la vida se está convirtiendo en un verdadero infierno. Ya no saben qué decir ni cómo actuar. ¡Se desesperan! Hasta que un día se sorprenden comentando: «En mi época no era así»; aquella odiosa frase que escucharon tantas veces y que ahora, quién iba a decirlo, ellos mismos están pronunciando; y lo que es peor, deciden dar un giro de 180 grados y comienzan a castigar a sus hijos, a gritar, sin control, irritados, perdidos...

¿Parece el fin del mundo? Parece, pero, por suerte, no lo es.

Ya decía Aristóteles, filósofo que vivió unos siglos antes de Cristo: «La justicia está en el término medio». O sea, lo que ocurrió fue que, en el afán de cumplir con las exigencias de la moderna pedagogía y de la psicología, los padres perdieron un poco el rumbo, exagerando, tratando tanto de hacer las cosas bien, que terminaron equivocándose.

Calma, ¡no hay nada que no tenga remedio! Algunas

reglas básicas son suficientes para poner la casa en orden y vivir en paz.

Y es exactamente lo que vamos a hacer aquí: explicar con claridad y con objetividad cómo ser un padre actual; sin perder autoridad, sin dejar que los hijos crezcan sin límites y sin capacidad de comprender y ver al otro, habilidades básicas y esenciales para quien desea formar ciudadanos, seres capaces de practicar el humanismo con la misma naturalidad con que respiran.

Para que ese ser humano maravilloso pueda surgir, es necesario que los padres estén seguros de una cosa: los límites son importantes. No debe haber duda de ello. Antes de comenzar es preciso pensar; y después, decidir.

Es esencial estar convencido de que poniéndoles límites a los hijos, se inicia el proceso de comprensión e interés por el otro. En la actualidad, muchos piensan que el límite provoca necesariamente un trauma psicológico, y entonces dejan de lado ese elemento fundamental de la educación. Nadie puede respetar a sus semejantes si no aprende cuáles son sus límites, lo que incluye comprender que no es posible hacer siempre todo lo que se desea en la vida. Es necesario que el niño interiorice la idea de que podrá hacer muchas, millares, la mayoría de las cosas que desea; aunque no todo ni siempre. Esa diferencia puede parecer sutil, pero es fundamental. Entre satisfacer el propio deseo y pensar en el derecho del otro, muchos tienen una tendencia a hacer lo primero, aunque a veces perjudiquen a alguien. Al fin y al cabo, lo que se desea no es siempre útil y socialmente correcto. Y si no, veamos:

¿Puede un niño tirar del pelo a un amigo sólo porque ha cogido su juguete favorito? Claro que no.

¿Puede llenar el inodoro de la escuela con papel higiénico? No, no puede.

¿Puede tirar una mesa desde el segundo piso sólo para ver lo que pasa cuando cae? No, no puede.

¿Puede escribir en las paredes blancas del aula? No, claro que no.

¿Puede un adulto manejar su coche después de beber dos whiskies? No, no puede.

¿Puede correr como el viento en su nueva bicicleta de veinte marchas y no reducir la velocidad cuando ve que una anciana está cruzando la calle? No, aunque sucede... y cada día más...

¿Tú puedes quitarle a tu amiga ese bolso nuevo y bonito que se ha comprado y llevártelo? Tampoco puedes.

¿Puedes fingir no haber observado que la cuenta del restaurante es inferior a lo que realmente se ha consumido y no decir nada? ¡No, no y no!

¿Puede alguien herir con un cuchillo a la novia que lo dejó por otro? ¡Jamás!, aunque sucede.

Pero sólo responderá «No, no puede», aquel que desde pequeño haya aprendido que muchas cosas pueden hacerse y muchas otras no pueden ni deben hacerse, aunque lo desee o le cause mucho placer. Así somos felices, respetando y cumpliendo algunas reglas básicas de la vida. En especial si aprendemos a amar al otro y no sólo a nosotros mismos.

Y los padres ansiamos ver a nuestros hijos creciendo camino a la felicidad, ¿no es cierto? Entonces debemos ayudarlos, porque nadie al llegar al mundo sabe lo que es correcto o incorrecto. El ser humano, al nacer, no tiene todavía una ética definida. Y somos nosotros, con preferencia los padres, quienes tenemos una tarea fundamental y trascendente: transmitir a las nuevas generaciones esos conceptos tan importantes y que definen la naturaleza humana.

Entonces, si todos estamos de acuerdo, ¡manos a la obra! ¡Vale la pena el esfuerzo!

2. Poner límites es...

- Enseñar que todos tienen los mismos derechos.
- Enseñar que existen OTRAS personas en el mundo.
- Lograr que el niño comprenda que sus derechos acaban donde comienzan los derechos de los otros.
- Decir «sí» siempre que sea posible y «no» siempre que sea necesario.
- Sólo decirles «no» a los hijos frente a un motivo concreto.
- Mostrar que muchas cosas pueden hacerse y que otras no pueden hacerse.
- Ayudar al niño a que vea el mundo con una connotación social (convivir) y no sólo psicológica (mi deseo y mi placer son las únicas cosas que me interesan).
- Enseñarle a tolerar pequeñas frustraciones para que en el futuro pueda superar los inconvenientes de la vida con equilibrio y sensatez. El niño que hoy aprende a esperar su turno cuando se está sirviendo la comida, no se molestará mañana por tener que hacer cola para entrar al cine, ni porque su jefe se demore tres o cuatro días para darle una respuesta acerca de su ascenso.
- Desarrollar la capacidad de ser paciente. De esta forma, si hoy no consigue empleo, continuará luchando sin desistir; en caso contrario podrá reaccionar de manera

insensata o desequilibrada cayendo, por ejemplo, en la marginalidad, el alcoholismo o la depresión.

- Evitar que su hijo crea que todos tienen que satisfacer sus mínimos deseos. Si eso no ocurre, cosa que es muy probable, no conseguirá superar la menor contrariedad, quedará frustrado, amargado o, peor todavía, puede perder su equilibrio emocional.
- Saber discernir entre lo que es una necesidad y lo que es sólo un deseo.
- Comprender que el respeto a la privacidad no significa falta de cuidado o atención, ni falta de acompañamiento o supervisión de las actividades de los hijos, dentro y fuera de casa.
- Enseñar que a cada derecho le corresponde un deber.

Y principalmente...

- Dar ejemplo. Aquel que desea que sus hijos respeten la ley y a las personas, deberá vivir cotidianamente siguiendo esos mismo principios, ¡aunque en la sociedad haya sólo algunos individuos que actúan de esa forma!

3. Poner límites no es...

- Pegar a los hijos para que se porten bien. Muchas personas creen que para poner límites hay que darles una bofetada, zarandearles o hasta pegarles.
- Hacer solamente lo que ustedes —padres y madres— desean o quieren hacer.
- Ser autoritario: dar órdenes sin explicar el porqué, persiguiendo el propio interés y de la forma en que a uno le da la gana, aunque su voluntad sea totalmente opuesta al día siguiente.
- No explicar el porqué de las cosas, ejerciendo siempre «la ley del más fuerte».
- Gritar a los niños para que obedezcan.
- No atender a las necesidades reales de los hijos (hambre, sed, seguridad, afecto, interés) porque se siente cansado.
- Invadir la privacidad a la que todo ser humano tiene derecho.
- Provocar traumas emocionales. Todo niño tiene la capacidad de comprender un «no» sin que le cause daño, siempre que, lógicamente, ese «no» tenga fundamento y no esté acompañado de agresiones físicas ni morales. Lo que provoca traumas y problemas emocionales es, en primer lugar, la falta de amor y cariño, seguida de injusticia, violencia física (por lo general, comienza con una bofetada), humillaciones y falta de respeto.

4. PONER LÍMITES NO ES SER AUTORITARIO

Algunas personas creen que poner límites a los hijos es una cuestión de opción, pero no saben que no hacerlo puede causar muchos problemas.

Contrariamente a lo que imaginan quienes no han tenido hijos, educar a un niño es un proceso muy pero que muy complejo, con situaciones inesperadas para los padres que no pensaban tener tanto trabajo, todos los días, a cada hora.

Normalmente, el niño no acepta enseguida nuestras explicaciones, por más claras y simples que sean; y muchas veces se hace necesario repetir hasta la saciedad un simple objetivo para alcanzarlo. Por eso, muchos creen que es imprescindible adoptar una postura más autoritaria, de control total y hasta de violencia... Resulta difícil, en realidad, saber cuándo termina la autoridad y comienza el autoritarismo.

A manera de ayuda, recuerde que autoritario es el que ejerce poder según su propio punto de vista (que siempre considera como el único correcto), de acuerdo con su fuerza física o aprovechándose de su posición o cargo, sin considerar lo que el otro desea o piensa. Pocas veces actúa para el bien del otro sino por su propio interés. De este modo, un padre autoritario es aquel que no permite que su hijo entre en el salón el día que está de mal humor, y deja que lo haga, e incluso exige la presencia del niño, cuando se siente bien.

Al contrario, el padre con autoridad escucha y respeta a su hijo, aunque a veces lo trate de una manera más dura de lo que le gustaría, hasta imponiéndose en una determinada situación, pero siempre por el bienestar de su hijo, para protegerlo de algún peligro u orientarlo en su aprendizaje.

Lo que pretendo demostrar aquí es que si procedemos con seguridad y convicción de propósitos, pero con mucho afecto y cariño, podremos alcanzar nuestros objetivos educativos sin autoritarismo y sin necesidad de utilizar nunca ningún tipo de violencia.

En otras palabras, no poner límites es opuesto a dar amor, cariño, atención y seguridad.

5. ¿QUÉ PUEDE SUCEDER CUANDO NO SE PONEN LÍMITES?

El niño que no aprende que existen límites en sus actos y deseos, que todo lo quiere y todo lo puede, tiende a desarrollar un cuadro de dificultades que se va instalando paso a paso:

1ª etapa
Descontrol emocional, histeria, ataques de rabia

Es normal en niños pequeños de hasta 5 o 6 años como máximo.

Cuando nace, el niño es hedonista (busca permanentemente su placer y la atención inmediata de sus deseos y necesidades) y egocéntrico (tanto el bebé como el niño pequeño tienen la idea mística de que el mundo gira alrededor de ellos, de que todas las personas y cosas existen sólo para satisfacer sus deseos).

Además de estas dos características, que son totalmente normales, no posee ninguna noción respecto de los valores. No sabe, ni puede saber, lo que es correcto e incorrecto. Se espera que cada padre y madre, aunque sea de forma intuitiva, tenga conciencia de eso y que, paulatinamente, vaya mostrando a sus hijos, en cualquier circunstancia —en especial en su propio ámbito— lo que se puede y lo que no se puede hacer en sociedad. Después de todo, vivimos en un mundo reglamentado (por suerte) que castiga a quien no cumple las leyes. El que no acepte esta realidad podrá enfrentarse a serios problemas en la vida: emocionales, profesionales... Es responsabilidad de los padres transmitir poco a poco estos conocimientos a sus hijos. Y resalto que les corresponde a ellos en primerísimo lugar, ya que creo que ningún padre querrá delegar en otros la formación ética de sus niños.

Es verdad que la escuela es una institución que colaborará mucho en ese sentido, pero nunca podrá sustituir la responsabilidad de los padres. Cuando éstos trabajan de forma permanente y adecuada, estableciendo límites con calma (lo que a veces es muy difícil, por el cansancio de tener que repetir y repetir para educar), aprobando e incentivando las actitudes positivas y criticando las negativas, el niño aprende, con el tiempo, las reglas básicas de la convivencia y consolida su proceso de socialización (capacidad para convivir).

Pero, a veces, por falta de seguridad, culpa o miedo de ser anticuados, los padres dejan de ejercer esa importantísima actividad. Entonces, ¿qué ocurre? Por lo general, el niño comienza a tener dificultades para aceptar cualquier tipo de límites.

Por ejemplo: en los primeros meses de vida, un bebé que tiene hambre no para de llorar hasta que la madre le da el pecho; poco a poco, con el tiempo, llora con menos intensidad y sólo se inquieta cuando ve el pecho de la madre o el biberón, reconociendo que su alimentación está próxima. Lentamente, el bebé va abandonando el llanto descontrolado y lo transforma en actitudes más comunicativas, para mostrar sus necesidades. Con un año de edad ya sabe pedir su alimento, aunque todavía de manera muy rudimentaria o, como mínimo, señalar el biberón sin utilizar aquellos primitivos medios de comunicación.

Muy pronto, el niño descubre la palabra y, naturalmente, aprende a conversar, pedir, solicitar, en vez de gritar y berrear.

Algunas veces el niño no entiende esto por sí solo. Entonces, corresponde a los padres hacérselo comprender. Cuando su hijo está aprendiendo a caminar, usted trata de ayudarlo dándole la mano, incentivándolo, andando a su lado para que se sienta protegido, extendiendo los brazos para que vaya a su encuentro, todo lo cual es correcto. Lo hace una, dos horas al día. Pero eso no significa que, porque su hijo muestre su desagrado llorando, gritando y protestando, cuando usted necesita interrumpir ese momento, deba pasar los meses siguientes haciendo lo mismo hasta que él pueda caminar solito y con seguridad.

El niño que no es orientado por sus padres y que cuando llora o reclama es atendido en todo, tiende a perpetuar este tipo de conducta. Él consigue que usted sea cada vez más flexible en la cuestión de los límites, y va aprendiendo a controlar el mundo a través del grito; y después, quizás, de la violencia y la agresión. Y convengamos en que lo que se puede aceptar con tranquilidad en un bebé o en un niño de 3 o 4 años, comienza a ser, como mínimo, molesto a los 6 o 7.

Por lo tanto, es de esperar que a través de un proceder adecuado de los padres y de la socialización, el niño vaya sustituyendo aquellas conductas de inicio de vida, propias de quien no conoce otra forma de actuar.

2ª etapa
Dificultad creciente de aceptación de límites

Sin orientación y obteniendo atención cada vez que grita, golpea, rompe cosas, patalea o insulta, el niño va adoptando esa mecánica como modo de comunicación y control del mundo y de las personas. Cuando comienza a ir a la escuela, por ejemplo, tiende a rechazar cualquier restricción a sus acciones: si quiere ir a jugar al patio justo cuando están los niños mayores y no se le permite, hace un escándalo, llora, grita, arremete y patalea hasta ser atendido.

Al contrario, si un niño tira su plato de comida al suelo porque no quiere comer más, y su madre —con cariño pero con firmeza— manifiesta su desaprobación y le habla con calma: «Eso está mal, si no quieres comer más no comas, pero no tires el plato al suelo», entonces él percibirá que esa acción no ha gustado a su madre y más tarde comprenderá que tampoco gusta a la sociedad. Si frente a cada actitud de ese tipo su madre reacciona de manera similar, poco a poco dejará de comportarse así y lo hará de una forma que le represente un retorno afectivo satisfactorio. A ningún niño le gusta que lo miren con cara de desagrado o de rechazo, si puede recibir sonrisas y aprobación.

Como podemos ver resulta muy fácil. Es sólo aprobar sus buenas acciones —sin olvidarse nunca de elogiarlas realmente— y de reprobar —lo que no significa agredir, golpear o humillar— y desestimular todas sus actitudes negativas, destructivas o agresivas. Pero es necesario recordar que éste es un proceso largo, muy largo... ¡No espere resolver todo en dos semanas, ni en un año!

Educar es enfrentarse a un nuevo desafío cada día. Cada situación tiende a repetirse muchísimas veces, transmutada en otras formas pero con la misma esencia. Muchos padres son muy ansiosos respecto a sus hijos, quieren todo para hoy, para ahora. Y en educación no se puede actuar así. Es necesario repetir con serenidad cien, mil veces, la misma cosa para que dé resultado.

El ser humano, por naturaleza, desea sentirse amado, aprobado, elogiado. Y esto debe tenerse en cuenta para formar mejor a nuestros niños, ya que el elogio que proviene del padre o de la madre es el que ellos más valoran.

La regla, por lo tanto, es muy simple: premiar y recompensar las actitudes positivas, e ignorar o reprobar las negativas. Y esto debe llevarse a la práctica si no queremos ver a nuestros hijos rompiendo adornos o juguetes, pegándoles a sus amiguitos, y después, ya más crecidos, violando reglas sociales o insultando a parientes, profesores y autoridades en general.

3ª etapa
Trastornos de conducta: falta de respeto a los padres, compañeros y autoridades; incapacidad de concentración, dificultad para hacer las tareas, excitabilidad, bajo rendimiento

Vamos a recapitular: el niño nació y se le brindó cariño, atención y afecto. Esto es positivo, el AMOR no puede faltar nunca. Pero por otro lado también se le atendió en todo, hubiese o no motivo para satisfacer su deseo.

Y así fue creciendo y creciendo, cada día más distante de la realidad. El mundo se transformó en su esclavo. Padre, madre, abuelos, vecinos, amigos sólo existían para satisfacer sus necesidades. De esta manera, se fue dando cuenta de que podía interrumpir con gritos a quien estuviese hablando; lograr que le compraran toda la ropa y juguetes que quería; comer el chocolate que le apeteciera a la hora que quisiese; derrumbar la puerta del cuarto del padre y de la madre si estaba cerrada; dormir en la cama de ellos todas las noches, y hasta echar al padre si se le antojaba; bañarse sólo a la hora o el día que quisiera; ir a la escuela si tenía ganas; estudiar un poco cuando no hubiese algo más atractivo para hacer; realizar las tareas escolares poco antes de ir a dormir, ya muerto de sueño; después de ir en bicicleta, jugar a la pelota, entretenerse con sus juegos electrónicos o navegar en internet, etcétera. Al principio eso parecía maravilloso, para él y para los padres, ¡porque creían que de ese modo le estaban dando mucho amor!

Es comprensible que un niño que tuvo durante años tantos privilegios, luche con uñas y dientes para que esa realidad no cambie. Al fin y al cabo, siguiendo la lógica infantil, y la de muchos adultos también, hacer únicamente lo que se quiere es mucho más agradable que hacer lo que se debe.

Y cuando el niño tiene 7 u 8 años, los padres descubren que han criado a una personita con una visión distorsionada del mundo; y verifican que ahora muchos amigos, vecinos y hasta algunos parientes no los invitan a fiestas y almuerzos para evitar encontrarse con ese pequeño personaje tan lleno de caprichos que si no son atendidos al momento, se transforma en un ser muy desagradable...

Entonces, ese padre y esa madre se miran el uno al otro, asustados, porque muchas veces ni ellos mismos aguantan más a ese niño que antes consideraban tan gracioso, «tan lleno de personalidad»; transformado en un pequeño rey eternamente insatisfecho, mandón y dispuesto siempre a pelear por todo... un verdadero tirano. Y lo que es peor: no tienen más autoridad sobre él, no consiguen que estudie, que hable de manera educada a las personas de más edad, que respete una cola, que tolere pequeños disgustos.

Las maestras se quejan y llaman siempre a los padres para hablar de su bajo rendimiento escolar porque no se concentra, no hace los deberes, no obedece... Los vecinos vienen a su casa y acusan al niño, que ahora tiene 11 años, de haber rayado su coche nuevo o haber querido atropellar con su bicicleta a un amigo que caminaba por la calle. ¡Dios mío, socorro!

¿Estoy exagerando? De ninguna manera. El niño con problema de límites tiene una percepción deformada del otro.

Sólo él importa, su deseo, su bienestar, su placer. Su egocentrismo, natural en los primeros años de vida pero que debería ir disminuyendo, por el contrario, sólo aumenta, se vuelve cada vez más fuerte.

Las consecuencias son muchas y, con frecuencia, muy graves:

- Desinterés por el estudio.
- Falta de concentración.
- Falta de capacidad para soportar cualquier dificultad mínima.
- Falta de constancia.
- Falta de respeto hacia los otros: compañeros, hermanos, familiares y autoridades en general.

A menudo, se confunde a estos niños con aquellos que tienen síndrome de hiperactividad, porque de hecho inician un proceso muy similar al de un trastorno neurológico. A decir verdad, todas las actitudes del niño pueden conducir a ese diagnóstico, a pesar de que en el caso que consideramos sea mucho más probable que se trate de un caso de hiperactividad situacional. Es decir, de tanto poder hacer todo, de tanto ampliar su espacio sin reconocer al otro como un ser humano con necesidades y derechos como él, ese niño tiende a desarrollar características de irritabilidad, inestabilidad emocional, reducción de la capacidad de concentración y atención, derivadas —como hemos visto— de la falta de límites. Y de la incapacidad creciente de tolerar frustraciones y contrariedades.

Resumiendo: aquello que en los primeros meses y años de vida puede parecer gracioso, interesante y hasta cariñoso, una verdadera «demostración de amor», como piensan algunos —me refiero a no orientar ni poner límites— termina por llevar al niño exactamente hacia el polo opuesto al deseado.

Procediendo de esa manera, los padres, al tratar de evitar traumas psicológicos, pueden estar propiciando serios problemas en un futuro no muy distante.

4ª etapa
Agresiones físicas cuando es contrariado, falta de control, problemas de conducta; problemas psiquiátricos en los casos en que hay predisposición

Si estábais preocupados cuando comenté la tercera etapa, imagino que ahora lo estaréis todavía más. ¡Y con toda razón!

Si los padres intervienen a tiempo, con firmeza pero con mucho afecto, en la primera etapa (aquélla de los ataques histéricos, de los gritos) que como hemos visto es un período natural del desarrollo y de aprendizaje de la convivencia, con el tiempo el niño irá aprendiendo a conducirse en la sociedad. Internalizará valores, aprenderá a respetarse y respetar a los otros, se irá entrenando en el difícil arte del diálogo, aprenderá a luchar por sus derechos sin necesidad de agredir, berrear ni ofender... en fin, irá aprendiendo el arte de convivir armónica y civilizadamente en la sociedad.

Pero si los padres no intervienen en la primera ni en la segunda etapa —el difícil período de la aceptación de límites— habrá muchas probabilidades de que el niño comience a tener problemas de conducta y adaptación social, situación que será muy compleja y de difícil superación.

Si a esto le sumamos una personalidad agresiva, con baja autoestima, falta de seguridad personal o con un potencial genético para desarrollar ciertos cuadros de enfermedad psiquiátrica, entonces el panorama podrá ser realmente dramático.

¿Quién de nosotros no se ha horrorizado con las recientes noticias de jóvenes adolescentes que se arman y matan a padres, amigos, compañeros de escuela, como los hechos ocurridos en los Estados Unidos? ¿Quién de nosotros no se ha sentido realmente escéptico con la humanidad cuando en Brasilia cinco jóvenes de clase media acomodada, con todo lo necesario para vivir con dignidad, salieron de una fiesta y prendieron fuego a un hombre que dormía en el suelo... el famoso caso del indio pataxó? Y, ¿quién no se pregunta por qué han aumentado tanto los crímenes cometidos por jóvenes de clase media y alta —alrededor del 300 por ciento—, en los últimos diez años?

Si reflexionamos sobre estas cuatro etapas que acabo de describir, podremos entender que existe una relación directa entre la falta de límites y esa manera distorsionada de ver el mundo, que puede conducir a la marginalización, el alcohol y las drogas. Sería como si los jóvenes criados de esa manera pensaran algo así como: «El mundo existe para satisfacer mi propio placer y para disfrutarlo; todos deben hacer lo que yo quiera; aquel a quien yo no guste o no haga lo que quiero, como yo quiero y a la hora que quiero, no tiene derecho a vivir, es mi enemigo». Y han aprendido eso por tener padres que a todo dicen que sí, que sobreprotegen y que no se preocupan por inculcar el sentido de responsabilidad. Esa forma de pensar y proceder explica, en parte, por qué los jóvenes de Brasilia se justificaron diciendo: «Nosotros sólo queríamos divertirnos», cuando incendiaron a esa persona; o los dos adolescentes estadounidenses que entraron en su escuela con ametralladoras y granadas, y mataron a catorce personas entre alumnos y profesores, habían dicho, antes de consumar el hecho: «Aquí, no le gustamos a nadie».

Terrible, ¿no le parece? Sin analizar la posible existencia de algún componente psiquiátrico que justifique tal conducta —y quién sabe si la justificaría— lo que nos importa es advertir sobre el hecho de que, con seguridad, una de las causas de tal conducta es la percepción equivocada del mundo.

¿Será que el mundo debe adaptarse a nosotros, amándonos y satisfaciendo todos nuestros deseos? O, por el contrario, ¿no deberíamos entenderlo y luchar para cambiarlo dentro de nuestras posibilidades, teniendo especial conciencia de que ese mundo es el resultado del modo en que nos relacionamos con él?

Lo que importa es darles a nuestros hijos las herramientas necesarias para que se relacionen de manera adecuada con el mundo. Que comprendan que si trabajan y producen podrán disfrutarlo y que, por el contrario, es probable que si esperan que todo se les dé servido en las manos de inmediato, sus posibilidades de conseguir lo que anhelan serán pequeñas (olvidémonos por unos instantes de los problemas políticos, la recesión, el desempleo y consideremos sólo la postura frente a la vida). Debemos explicarles que si son amables y respetuosos serán tratados de la misma forma, aunque es verdad que no siempre, pero sí la mayoría de las veces. Que sepan luchar por lo que desean sin tomar un arma ni arrancárselo de las manos a otros que lo consiguieron con honestidad.

Éste es el gran desafío que tenemos por delante, una lucha diaria, hora a hora, minuto a minuto. Es una tarea ardua, larga y extenuante, pero es la mejor manera de ayudar a nuestros hijos a ser ciudadanos responsables y conscientes de sus derechos y deberes, y no criaturas egocéntricas, antisociales, hedonistas al extremo, sin capacidad de luchar ni de tolerar la frustración y, consecuentemente, impacientes con sus deseos.

6. Por qué no pegarles

- Porque pegar no tiene nada que ver con poner límites; por el contrario, son hasta actitudes opuestas. Quien pega da una verdadera clase de falta de límites propios e incluso de cobardía.
- Porque existen formas más eficientes y humanas para mantener la disciplina, con mensajes más eficaces que los de la agresión física.
- Porque, con el tiempo, el famoso cachete en las nalgas que tanta gente defiende como inofensivo, deja de surtir efecto y se transforma en bofetadas cada vez más fuertes y, finalmente, en verdaderas palizas.
- Porque sólo golpea quien no intervino antes de «perder la cabeza».
- Porque aunque obedezca, el niño no aprende; apenas deja de hacer ciertas cosas por temor al castigo.
- Porque pegar no soluciona los problemas de la relación, sólo encubre los conflictos, incluso por poco tiempo.
- Porque los padres, después de calmarse, se sienten culpables y tienden a «aflojar»; de esta manera aplacan la sensación aflictiva de la culpa y perpetúan la situación de conflicto.
- Porque pegar es firmar el propio certificado de fracaso como educador.

7. LO QUE UNA BOFETADA ENSEÑA REALMENTE ES...

- A tener miedo de la persona mayor, del más fuerte o del más poderoso.
- A perder el interés por la actividad que estaba desarrollando en el momento del castigo.
- Que el comportamiento agresivo es válido.
- Que la agresión física es un hecho normal y se puede practicar (si papá y mamá lo hacen...).
- Que la fuerza bruta es más importante que la razón y el diálogo.
- Que en los padres —personas de quienes el niño espera protección y amparo— no se puede confiar.
- Que ocultar u omitir hechos puede dar excelentes resultados y evitar esos buenos cachetes. Después de todo, si los padres no se enteran de los errores y faltas de los hijos, no castigan.
- Que de aquel de quien se espera amor, se reciben palizas y agresiones.

8. Pero... ¿cómo disciplinar sin necesidad de pegarles?

Premiar o recompensar el buen comportamiento

Es necesario destacar las actitudes correctas de los niños. Es muy común que los padres, absorbidos por las actividades cotidianas, con tantos problemas y la clásica falta de tiempo, se olviden de elogiar, y sólo se quejen y griten cuando los hijos tienen conductas poco correctas.

De este modo, los niños tienen la sensación de que no vale la pena hacer todo como corresponde: al fin y al cabo, la mayoría de las veces no reciben ningún estímulo por comportarse de manera adecuada, ni siquiera una mirada de aprobación. Por el contrario, cuando se equivocan parece que el mundo se les cae encima: reciben bofetadas, reprimendas, castigos...; entonces, ¿para qué esforzarse? Por eso, la mejor manera de alcanzar un objetivo en la educación de un niño es elogiar, incentivar y resaltar todo lo que hace de bueno.

Saber que premiar no es necesariamente «dar cosas materiales»

Aunque parezca imposible y extraño en esta época de consumismo, para el niño tiene mucho más valor una caricia, un elogio sincero, el reconocimiento del esfuerzo, que regalos, dinero, viajes, etcétera. Por supuesto que a todo el mundo le gustan esas cosas, lo que no constituye ningún pecado siempre que no sean las únicas a las que se dé valor. No es bueno transformar a nuestros hijos en consumistas enloquecidos; debemos tener conciencia de que la palabra, la mirada, el amor del padre y de la madre son aún los mejores premios. Si a lo largo de los años los acostumbramos a ser «comprados», «sobornados» o «chantajeados», aprenderán a comportarse de esa manera calculadora. Si, por el contrario, les damos nuestro cariño y aprobación, fortalecerán su autoestima y cada día sentirán más placer en proceder de la forma adecuada.

Lograr que el niño asuma las consecuencias de sus actos (positivos o negativos)

Con la misma naturalidad y cariño con que elogiamos y premiamos a nuestros hijos, debemos conversar e intervenir cuando se equivocan, explicando y ayudándoles a reflexionar sobre las actitudes incorrectas, antiéticas o egocéntricas, pero resulta imprescindible tener cuidado para no relacionar cualquier actitud con características personales.

Para ser más claros: al criticar cualquier cosa reprobable realizada por el niño, lo debemos hacer refiriéndonos al hecho específico y no como si fuese algo inherente a él o a su personalidad.

Por ejemplo, le diremos: «Hijo, no está bien tomar lo que no es tuyo sin pedírselo al dueño», y no: «Eres deshonesto y egoísta, quieres todo para ti». Debemos presentar el hecho como algo que debe analizarse, reflexionarse o que debe realizarse de otra manera, siempre dentro de las posibilidades de comprensión del niño y considerando su edad, nunca como si se tratase de algo inmutable, propio de la forma de ser del niño. De este modo, él no se sentirá ofendido o humillado.

Más aún, se convencerá de que cambiando de actitud todo va a mejorar. Por el contrario, si piensa que su padre o su madre lo consideran «deshonesto», «desorganizado» o cualquier otro calificativo que se refiera a su propia forma de ser, entonces creerá que no hay solución. Y si no hay solución...

Si relacionamos el hecho con una característica personal, de antemano el niño (o el joven) se sentirá derrotado, creyendo que si él es así lo será siempre, sin posibilidades de cambiar. Por otro lado, si presentamos el caso como algo que requiere ser revisado o que precisa ser modificado, todo será más fácil.

Pero si después de tanta conversación, explicación y diálogo no conseguimos nada, será necesario que el niño comprenda que él es el responsable de sus propios actos y, lógicamente, de las consecuencias.

Por ello, es importante destacar la «buena acción» y también sus consecuencias, que serán muy agradables: besos, cariño, aprobación, estímulo y, de vez en cuando, un regalito, una recompensa, un bombón, una flor.

¿Y cómo se consigue esta proeza? ¿Cómo se hace para que el niño sea responsable de sus actos?

Muy simple: así como premiamos las acciones que queremos que se repitan, debemos demostrar a nuestros hijos que no aprobaremos las incorrectas, y lo que resulta más importante aún, dejar claro que ellos serán los responsables de sus consecuencias.

Por ejemplo: si le explica varias veces a su hijo que no debe ver la televisión antes de estudiar y él no obedece, y luego, en dos o tres ocasiones, al regresar del trabajo lo encuentra frente al aparato sin haber hecho los deberes, y vuelve a hablarle, a reclamar e insistir otras tantas veces, está perdiendo autoridad. Y lo que es peor, su hijo no estará entendiendo que debe cumplir con sus obligaciones y no solamente hacer aquello que le da placer. Por lo tanto, deberá asumir las responsabilidades del hecho (consecuencias).

9. ¿Cómo hacer que nuestros hijos asuman las consecuencias de sus actos?

Con premios y recompensas

Si elogia o premia los actos positivos, su hijo aprende que las actitudes socialmente aprobadas pueden proporcionarle gran placer. Y así se inicia la formación del ciudadano.

¿Acaso no es esto lo que todo ser humano saludable busca? ¿Sentirse amado, querido y admirado? ¿El mayor placer no es también esto: ser amado?

Entonces no perdamos las maravillosas oportunidades de todos los días: premiemos a nuestros hijos recompensándoles especialmente con nuestro cariño, afecto o palabras de estímulo. Reafirme siempre las cualidades de su hijo y todo lo que confía en él:

- Si al despertarse le brinda una sonrisa, debe agradecerla y resaltar (sin exagerar) lo agradable que resulta una persona de buen humor en casa.
- Si, de manera espontánea, le ayuda a poner la mesa, dígale que eso es democrático y coméntele cuánto se enorgullece.
- Si trae las notas con varias asignaturas excelentes y una regular, primero resalte todo lo capaz que es, y sólo después pregúntele si necesita ayuda en la materia con la que tuvo dificultades.

- Si hoy no se quiere cepillar los dientes, dígale, sorprendido: «¿Cómo un niño que huele tan bien puede dejar su boquita con un olor tan feo?».
- Si le pidió que trajera un vaso de agua y lo hace con agrado, resalte su importancia y lo bonito que es que todos se ayuden en la familia.
- Y así sucesivamente...

Cualquier momento es bueno y adecuado para un elogio discreto y de acuerdo con las circunstancias.

Recordando que premiar es siempre mejor que castigar

Como hemos visto, lo único que se consigue con el castigo físico es el temor del niño y *a veces* evitar alguna actitud equivocada. Pero el verdadero aprendizaje ocurre cuando el pequeño comprende el motivo de su error, en especial cuando siente que puede volver a hacer todo de modo correcto.

Por eso, insisto en que premiar es una manera muy conveniente de comenzar a poner límites.

Pero es importante proceder con equilibrio, ya que las exageraciones siempre suenan falsas; tanto el elogio como el premio deben adecuarse a la dimensión del hecho. Ni más, ni menos. Aquel discurso interminable que utilizan algunos padres puede parecerle «alta psicología», pero al niño le suena como «¡Uf!, ya están otra vez, creen que soy tan tonto que me pueden engañar con un montón de elogios, sólo para que yo haga lo que ellos quieren». En suma, no hay que exagerar: debemos ser auténticos, verdaderos, y elogiar y premiar pero evitando que la relación se vuelva artificial.

Una vez más recordemos a Aristóteles: «El equilibrio está en el término medio».

Estar convencidos de que responsabilizar (o atenerse a las consecuencias) puede, a veces, ser necesario

El que tiene hijos sabe que incluso elogiando y resaltando cualidades, no saldrá siempre todo a las mil maravillas ni ellos harán las cosas siempre de la forma que les indicamos. Más aún —y para ser franca—, la mayoría de las veces la convivencia con los niños y jóvenes es una verdadera lucha, en la que los padres deben estar atentos y vigilantes permanentemente. Todos nuestros logros se consiguen con sacrificio, con una inagotable capacidad de control emocional y, principalmente, gracias a la convicción de nuestros objetivos.

Por eso necesitamos aclarar desde el primer momento lo que el niño o el joven puede y no puede hacer. Es decir, definir cuáles son las reglas del juego.

Muchos padres no valoran lo suficiente la importancia de una explicación.

Es muy saludable que un niño sepa desde el inicio que:

- Con la comida no se juega.
- No se puede tocar el ordenador del padre.
- No se debe revisar el bolso de la madre.
- Se puede ir al balcón solamente si se está acompañado por un adulto.
- Sólo se puede jugar a la pelota después de haber hecho los deberes escolares.
- Ir a la escuela es una obligación, no una opción.

... ¡Y nada de esto es traumático!

Cuando establecemos algunas reglas, estamos comenzando a poner límites. De esta manera, no se podrá decir nunca que una transgresión fue causada por el desconocimiento de lo que se puede o no se puede hacer. Y con esto se evitarán muchos dolores de cabeza y pérdidas de tiempo.

Pero cuidado con exagerar. Las reglas no necesitan ni deben ser presentadas todas de una vez, como si se tratase de un tratado o un contrato. Iremos diciendo no o sí a medida que las cosas sucedan, de acuerdo con el caso.

Por ejemplo: está lloviendo y su hijita no puede ir a jugar al jardín o al patio. Entonces, mientras usted está en la cocina, ella abre el armario y comienza a sacar latas de comida, paquetes de arroz, ollas, jarros, etcétera. Debe intervenir de inmediato, con cariño pero con mucha firmeza, diciendo: «Eso no es para jugar, es para comer». De este modo no está siendo autoritaria, simplemente está explicando sin traumatizarla. Acto seguido, tendrá que proponerle: «Vayamos a tu cuarto y elijamos algunos juguetes para que te entretengas aquí, mientras mamá prepara el almuerzo, ¿de acuerdo, querida?». Y ella obedecerá. Los niños perciben si pueden o no negociar con sus padres según el modo de hablar de ellos. La mayoría de las veces su niño reclamará y no aceptará enseguida su propuesta, por lo que debe prepararse para repetirla una o dos veces más, siempre con la misma convicción.

No debe desistir y sí repetir, sin alterar la voz ni el modo de hablarle. También es importante acompañar a su hija al cuarto y ayudarla a elegir, ¿qué juguetes quieres llevar? ¿Qué tal éste? Al mismo tiempo que ha puesto límites, le ha dado a la niña varias opciones, con respeto, ayudándola a crecer y a ser una persona independiente, pero, principalmente, una futura buena ciudadana. Después de todo nadie precisa tirar comida para ser feliz, habiendo tanta hambre en el mundo. Nadie, ¿no le parece? De esta manera su hijo aprenderá que «algunas cosas pueden hacerse y otras no». Así de simple. Y esto es poner límites para construir ciudadanos.

Cumplir y hacer cumplir reglas

Una vez establecida una regla es necesario cumplirla. A no ser que ya sea anacrónica o inadecuada. Por ejemplo, usted había decidido revisar a diario los cuadernos de su hijo cuando volvía del trabajo, para comprobar si había hecho los deberes, si entendió la materia, si hizo lo que correspondía. Pero esta medida, adoptada cuando el niño tenía 6 años, puede ser anacrónica a los 9 o a los 11 años y es necesario cambiarla. Pero no debe olvidar comunicar a su hijo el motivo del cambio: explicarle que ya no es necesario hacerlo porque él ha crecido y, principalmente, porque «he notado que ya eres suficientemente responsable en la escuela». Le acaba de dar una lección de flexibilidad, al mismo tiempo que siente que sus esfuerzos han sido recompensados. Por lo tanto, no debe confundir ser flexible ante un caso determinado, con un análisis simplista o ambiguo.

Pero volviendo a las normas, si ante una situación dada, el niño no cumple con las reglas acordadas, será necesario que se responsabilice de las consecuencias de tal decisión. De este modo, les enseñamos a tener responsabilidad, y guiaremos a nuestros hijos a que asuman las consecuencias de sus actos. Pero, cuidado, si al leer esto ya está pensando: «¡Oh, pobrecito, tan pequeño!», estará procediendo de forma equivocada, con culpa y falta de seguridad. Recuerde que nuestro objetivo es sentir orgullo de nuestros hijos, que sepan respetar a los otros, que sean ciudadanos correctos. Por lo tanto, ¡nada de sentir pena sin motivos!

A veces parece que nuestros pequeños hacen cosas para irritarnos, y en realidad no es así. Son intentos por comprender el mundo, por organizarse ante él. Y como no es una tarea fácil, debemos ayudarlos.

De esta manera, retomando el ejemplo anterior, si aun después de explicarle con firmeza y cariño, proponerle diversas opciones de elección de juguetes entre los muchos que tiene, su hija insiste en desparramar todo lo que no corresponde por el suelo, es hora de reaccionar. Termine el problema con un comentario del hecho y su consecuencia; por ejemplo: «Mamá ya te lo ha explicado y continúas haciendo lo que no debes, así que vamos ya, ahora mismo, a recoger los paquetes de arroz y fideos que tiraste y ponerlos en su lugar, y después te vas a jugar directamente a tu cuarto hasta que termine de preparar la comida. ¿Tú no querrás que papá, tus hermanos, tú y yo nos quedemos sin comer, no es cierto? Entonces jugarás en tu cuarto hasta que aprendas a comportarte en la cocina y a no hacer lo que no debes».

Y QUE SE CUMPLA...

La consecuencia no necesita ni debe ser extrema, ni terrible. En el ejemplo citado, la simple falta de compañía de la madre es suficiente, junto a una explicación clara y comprensible para la edad del niño.

Pero atención: no le hable sin parar, ni explique mil veces lo mismo. Tan sólo cumpla lo que dice, con decisión, justicia y equilibrio. Pero sin culpa ni a gritos.

Recordar que para los premios y recompensas no se requieren cosas materiales

Es necesario recordar, en primer lugar, que un premio o una recompensa para un adulto puede ser considerado un castigo para un niño, y viceversa. Por ejemplo: llevarlo a un restaurante elegante donde no puede caminar ni correr acaba siendo más bien un castigo; por el contrario, un paseo al zoológico es un excelente premio, aunque no lo sea para usted.

A veces nos sentimos desilusionados porque creemos estar dando «lo mejor» al niño y éste, irritado ante la situación, inadecuada para su edad y necesidades, reacciona de una manera que nos parece ingrata. También nos enfadamos y el desentendimiento se vuelve casi inevitable. Entonces, al premiar, no nos olvidemos de elegir algo que deje a nuestros hijos realmente felices y recompensados.

Al mismo tiempo, si no queremos que el niño «negocie» buen comportamiento por consumismo o utilitarismo, en especial los de 10 a 11 años, debemos recordar que el mejor regalo eres TÚ, MAMÁ; O TÚ, PAPÁ.

Algunas ideas que nos pueden ayudar:

Premios que elevan la autoestima y demuestran cariño

- Un abrazo de cuerpo y alma.
- Un beso sonoro.
- Una sonrisa auténtica.
- Un elogio verbal, simple y directo.
- Un relato del hecho positivo, en el momento en que toda la familia esté reunida —hermanos, padre, abuelos, tíos— aumenta la autoestima del niño y lo motiva a repetir tal acción.
- Una notita afectuosa, con elogios relacionados con el hecho.
- Etcétera.

Premios que siempre agradan

- Llevarlo a ver un partido de fútbol, sólo usted y su hijo.
- Almorzar el domingo en un restaurante elegido por el niño.
- Acompañarlo en un programa de fin de semana.
- Invitar a uno o dos de sus amigos preferidos a pasar un sábado con el niño; hacer palomitas de maíz, unas pas-

tas dulces o cualquier cosa que a los niños les guste comer con la merienda (no olvide contarles a los amigos el motivo del encuentro y lo feliz que se siente con el hijo maravilloso que tiene).

- Etcétera.

RECUERDE: Su compañía, en momentos reales de interacción, alegría y afecto, es tal vez la mejor recompensa. Pero tratándose de adolescentes, hay que pensar en otra cosa, ¿no?

Premios que se pueden dar ocasionalmente

Y evitar que nuestro niño sea «calculador, interesado» y por lo tanto incapaz de comprender el valor real de un hecho socialmente positivo.

- El bombón preferido.
- Poder quedarse más tiempo del convenido con sus amigos.
- Un CD que el niño desea mucho.
- Un adorno para el pelo.
- Etcétera.

Observación: Evite dar dinero o regalos caros por el buen comportamiento. Esto despierta muchas expectativas en otras ocasiones y, si no son satisfechas, pueden llevar al niño a pensar si en verdad valió la pena portarse bien. No «compre» a su hijo porque haya sacado una buena nota en la escuela, ni prometa un viaje si llega a pasar de curso. Él debe estudiar por el simple valor del conocimiento y no para obtener premios materiales. Puede llegar el momento en que no podamos comprarle lo que desea, ¿y entonces? ¿Continuará estudiando o abandonará el colegio por falta de recompensas?

Tener presente siempre que coherencia, seguridad, justicia e igualdad son imprescindibles

A continuación realizaré algunos comentarios que considero fundamentales en el delicado campo de la delegación de responsabilidades y de sus consecuencias, para tranquilizar a los padres y evitar culpas e inseguridades:

1. La responsabilidad y las consecuencias deben ser proporcionales; es decir, para pequeños deslices, pequeñas consecuencias; y para actos más graves, consecuencias más serias.

2. No se pueden ni deben olvidar las consecuencias de aquellos hechos positivos y adecuados, y no es excusa estar tan atareado que sólo puede observar los hechos que molestan o irritan. PREMIAR ACTITUDES POSITIVAS es tan importante como corregir los errores cometidos.

3. Debemos premiar y responsabilizar siempre con JUSTICIA; sin exagerar ni en los premios ni en las consecuencias.

4. Tratemos a nuestros hijos con IGUALDAD, evaluando de la misma manera hechos parecidos. No podemos argumentar: «¡Ah!, pero él no lo entiende porque es muy pequeño, en cambio su hermano ya es grande», «Pobrecito, es muy nervioso» o «Pobre, es más olvidadizo que su hermana». No hay nada peor que un juez que protege a uno en detrimento de la ley o la igualdad. Nuestros hijos tienen una percepción muy aguda respecto de las injusticias y del proteccionismo. Y las injusticias cometidas por un padre o una madre que favorecen a un hermano, pueden causar serios daños emocionales e inseguridad.

5. Finalmente, y aunque hayamos tenido un mal día, debemos ser coherentes con nuestras enseñanzas. No

podemos contaminar nuestra capacidad de juzgar porque somos maltratados por nuestro jefe o por un amigo desleal. Actuemos con imparcialidad y madurez. Enfrentémonos a quien en realidad nos haya faltado al respeto. Jamás debemos descargar nuestra rabia con los más débiles, mucho menos con nuestros hijos.

6. Aunque resulte difícil, preservemos nuestra MADUREZ EMOCIONAL. Si estamos muy pero que muy irritados y desconcertados por algún hecho reciente... ¿qué tal si vamos al cine, tomamos una cerveza o un café con algún amigo antes de volver a casa? Es preferible pedirle a nuestro hijo de 5 u 8 años que postergue sus necesidades, prescinda de nuestra atención, y comprenda y acepte nuestros errores, a permanecer con el niño mientras nuestros nervios están a flor de piel.

10. Cómo no perder autoridad al instruir

Es mucho más fácil perder autoridad que conquistarla. Por consiguiente, cuando esté con sus hijos, recuerde:

Cumplir con lo dicho (premio o consecuencia).
- Si ha advertido algo, debe actuar.
- Si ha prometido, debe hacer.

Ser coherente.
- Lo que no se puede, no se puede nunca (salvo raras excepciones).
- No debe cambiar de actitud como se cambia de ropa o en función de su estado de ánimo.

Otorgue gradualmente responsabilidades a sus hijos.
- Permita que ellos participen en la elección de los premios o la decisión de las consecuencias. Eso los ayudará a crecer y a comprometerse, al aceptar aquello que contribuyeron a construir, aunque se trate de alguna sanción a ellos mismos.

Cuidado con lo que dice y con la forma cómo lo dice.
- Critique el hecho, nunca a la persona ni la personalidad de sus hijos.

- Trate el asunto que se está analizando en ese preciso momento, sin desenterrar fantasmas del pasado, a menos que tengan relación con el caso.
- No sienta pena porque el niño se haya quedado triste, porque llora o se niega a hablar con usted por habérsele responsabilizado. Recuerde: es preferible que esté triste ahora pero que aprenda a respetar al otro, a sí mismo y lo prometido, que sufrir mañana por no haber comprendido cómo funcionan el mundo y la sociedad. El adulto es quien debe tener una visión más amplia y a largo plazo.

Supongamos el siguiente caso: los niños están lavando el suelo del baño porque ésa fue la consecuencia acordada cuando por décima vez jugaron a la guerra con agua, champú y jabón a la hora de bañarse. Habían dejado todo sucio y charcos por todas partes, y ellos, como cualquier otro miembro de la familia, podrían resbalar. Debe desistir de esa idea pseudoamorosa de sentir lástima («pobrecitos, son pequeños todavía») y de perdonar la falta «por última vez». El hecho de que ellos estén cansados y agotados no le transforma en una madre o un padre desalmados. No olvide: sólo está previniendo un futuro de irresponsabilidades, lo que es muy, pero que muy importante. Por otro lado, si quedan «exhaustos» después de cumplir su castigo, podrán recuperarse en esa excelente cama que poseen, en ese maravilloso cuarto que tienen. Después de una óptima noche de descanso, al día siguiente estarán como nuevos.

Y, lo principal: habrán aprendido a asumir las consecuencias de una conducta equivocada.

11. A MEDIDA QUE PASAN LOS AÑOS, EL NIÑO TIENE NUEVAS NECESIDADES

Para facilitar las tareas cotidianas analizaremos, considerando distintas franjas de edad, *algunas de las necesidades más comunes de los niños, que pueden estar relacionadas con la cuestión de los límites*, para que nosotros, padres, nos sintamos más seguros y conscientes de que determinadas reacciones y actitudes de ellos son perfectamente adecuadas a un determinado momento de desarrollo. Comportamientos que pueden parecer caprichos o desafíos representan, muchas veces, leves indicadores de que nuestros hijos están creciendo. Por eso, conocer algunos conceptos de psicología del desarrollo nos ayudará a afrontar la cuestión de los límites y a orientar mejor a nuestros queridos niños, sin perder de vista la atención de sus necesidades físicas, intelectuales y psicológicas, y sin descuidar el aspecto social, importantísimo en la formación del ciudadano.

12. Necesidades y deseos

Para sentirnos seguros acerca del momento en que debemos poner límites, tenemos que distinguir las *necesidades* de los *deseos*:

Una **necesidad** es algo inevitable, algo que si no es atendido puede ocasionar serios problemas en el desarrollo físico, intelectual o emocional del individuo.

Por otro lado, un **deseo** es la atracción por tener ganas de realizar cierta cosa, que puede o no ser importante para el desarrollo. Está más vinculado con el placer.

Para comprender mejor la diferencia entre estos dos conceptos, veamos lo que dice al respecto el psicólogo A. H. Maslow:

El hombre tiene una serie de «necesidades normales», clasificadas en cinco grupos por orden de importancia. Un individuo sólo siente las necesidades de un grupo superior cuando ya fueron satisfechas las correspondientes a los grupos inferiores. Esta clasificación se conoce como «jerarquía de las necesidades» de Maslow:

5. Necesidades de autorrealización.
4. Necesidades de reconocimiento y prestigio.

3. Necesidades de amor y afecto.
2. Necesidades de seguridad (física, psicológica, social).
1. Necesidades fisiológicas (ligadas a la supervivencia).

El concepto de jerarquía de las necesidades muestra que el hombre sólo se preocupa por satisfacer una necesidad de nivel más elevado si aquellas de nivel más bajo ya fueron atendidas. Quien tiene mucha hambre (una necesidad fisiológica) no está muy preocupado por protegerse (necesidad de seguridad) y se arriesga, por ejemplo, a caer de un árbol alto intentando alcanzar una suculenta naranja. Por otro lado, si ese mismo hombre estuviera con el estómago lleno, jamás subiría a un árbol de tres metros de altura. O sea, una vez atendidas las necesidades fisiológicas, las de seguridad cobran importancia, y así sucesivamente.

Es responsabilidad de los padres preocuparse de que sus hijos tengan todas sus necesidades satisfechas, sea cual sea su nivel.

Asimismo, y sin ser menos importante, corresponde también a los padres la tarea de orientar permanentemente a sus hijos, a fin de que vayan adquiriendo las aptitudes necesarias para satisfacer esas necesidades, con sus propios medios y capacidades, pero sobre todo, respetando las normas éticas.

Y muy distinto es el deseo, el querer tener, hacer o conquistar algo. Si son conscientes de esta diferencia, los padres podrán distinguir con más facilidad cuándo responder a un pedido del niño y cuándo no.

Algunos ejemplos nos ayudarán a comprender mejor estos conceptos:

Necesidades	Deseos
a. Comer cuando se tiene hambre	• Comer chocolate en ᵥₑₐ de almorzar
b. Beber cuando se tiene sed	• Beber sólo gaseosas
c. Jugar	• Jugar con el equipo de música nuevo
d. Dormir	• Dormir en vez de ir a la escuela y quedarse despierto hasta la madrugada navegando en internet
e. Usar ropa confortable y adecuada al clima	• Exigir ropa de determinadas marcas y una ropa nueva para cada fiesta
f. Pasear, descansar	• Exigir a los padres un viaje al extranjero como premio por haber aprobado el curso en la escuela

En la primera columna, están las **necesidades**; se trata de algunas cosas que todo ser humano necesita para su supervivencia, bienestar, salud física y mental. En la segunda columna se dan ejemplos de **deseos**.

Todo padre tiene el deber de atender las necesidades de su hijo, sea cual sea el nivel de éstas (fisiológicas, de autoestima, de seguridad, etc.).

Con respecto a los deseos, será preciso analizarlos para después tomar cualquier decisión:

- Primero, piense si esos deseos son aceptables desde el punto de vista individual y social.
- En segundo lugar, analice cuáles *quiere* atender, ya que podría satisfacer varios de ellos, pero prefiere no hacer-

lo por considerar que no son adecuados para la educación de su hijo o simplemente porque no quiere.

- Y, en tercer lugar, evalúe cuáles pueden superar los límites del desarrollo normal y saludable de sus hijos.

Volviendo a los ejemplos: si su hijo quiere comer únicamente chocolate, tiene todo el derecho a decirle que no. En este caso, no se trata sólo de estar marcando un límite sino de velar por su salud. Comer es una necesidad, pero debe ser cumplida adecuadamente, y comer chocolate no es precisamente algo saludable. Corresponde a los padres evitar que sus hijos, a los 10 años de edad, tengan un elevado nivel de colesterol que provoque riesgos de infarto o problemas circulatorios. Por lo tanto, el deseo de comer sólo chocolate debe ser controlado, sin dudar y sin remordimientos.

Descansar es otra necesidad del organismo. Y más aún después de un año de trabajo intenso o de estudio exitoso. Por eso, su hijo, al haber pasado de curso, comienza a reclamar vacaciones a tal o cual lugar, con este o aquel programa de paseos. Ante eso, debe evaluar si quiere o no satisfacerlo. Si cree que es muy caro o lo considera un pedido desmedido, simplemente dígaselo, con franqueza (¡y sin culpas!): «No podemos darte lo que pides, pero sí es posible hacer tal cosa». Y punto.

Hay situaciones en las que es *necesario* intervenir. El ejemplo *c* es una de ellas. Para ser feliz, ningún niño de 2 o 3 años necesita jugar con un equipo de música que, con seguridad, acabará rompiendo. Jugar es una necesidad, así como tener juguetes, diversos materiales y espacio para saltar y correr. Los padres deben proveer a los hijos de todo esto. Pero *jugar con cualquier cosa* que sea motivo de atracción para el niño es sólo un deseo. Y, en su papel, los padres deben analizar y decidir si será útil o perjudicial, tanto para él como para los demás miembros de la familia.

Resumiendo: piense siempre si atender un deseo favorece el adecuado desarrollo del niño, la aceptación de sus límites, el respeto por el otro y por la sociedad como un todo. Estos son óptimos criterios para definir **lo que se puede** y **lo que no se puede**, lo que es deseo y lo que es necesidad.

Claro que algunos deseos, aunque no sean necesidades, podrán ser satisfechos. Pero seremos nosotros, los padres, quienes deberemos analizar —como adultos y proveedores— qué conceder y qué no.

Así, en otro ejemplo, su hijo pidió unos tejanos nuevos. Antes de decidir si está dispuesto a comprárselos, piense:

- ¿Su hijo **quiere** (deseo) unos tejanos nuevos? No cabe duda: sí.
- ¿**Necesita** (necesidad) unos tejanos nuevos? No.
- ¿Está en condiciones de comprarlos? Sí.
- Analizando la situación: ¿Él se lo **merece**? Sí, ya que no lo ha exigido y lo ha pedido de forma educada. No es un niño consumista y sólo ha manifestado que le gustaría mucho tener un pantalón nuevo de tal modelo o confección.
- Entonces, pensando todo esto, decide: «¡Muy bien, se lo compraré!». Y todos se quedan felices. Si dos semanas después pidiera otro pantalón o cualquier otra cosa, y cree que no lo necesita, contéstele simplemente: «No querido, no lo necesitas». Y si él insistiera: «¡Pero yo quiero!», le responderá: «Lo siento mucho, pero no es posible». Y punto final.

No lo olvide: no debe ceder aunque ponga mala cara, se entristezca o haga cualquier tipo de chantaje (lo que es muy probable que suceda, ya que él sólo quiere los tejanos nuevos sin interesarle que, dos semanas antes, ya le compraron unos). Debe mantener su posición sin volver sobre el asunto. Es muy normal que frente al «no», el niño o el joven demuestren desagrado, ya que están realmente contrariados. Pero la decisión ya se ha tomado, con criterios justos y equilibrados. No se sienta culpable, pronto cambiará su cara apenada. La seguridad con que actúa se basa y fundamenta en la justicia con que toma una decisión. Por lo tanto, no se deje impresionar por el llanto de su hijo. Para sentirse seguro, tome sus decisiones a partir de reflexiones adultas y equilibradas.

13. ENTRE 1 Y 4 AÑOS

Necesidades

Desde que comienza a relacionarse con los padres, con los demás miembros de la familia y, después, con la comunidad, el niño de hasta 4 años necesita:

- Sentirse deseado, amado y necesario.
- Sentirse seguro, cuidado y protegido.
- Sentir que lo aprecian, lo aceptan y es parte del grupo.
- Tener la oportunidad de explorar, jugar y aprender a cuidar de sí mismo (a los 2-3 años, vestirse e ir al baño).
- Descansar durante el día.
- Dormir aproximadamente doce horas por la noche.
- Etcétera.

Tareas de los padres

Los padres pueden ayudar muchísimo a atender esas necesidades. Pero para ello es preciso seguir de manera sistemática una línea de conducta que ayude al niño a crecer y a volverse independiente y equilibrado emocionalmente:

Adopte actitudes positivas: responda «no» y dígale enseguida a su hijo lo que debe hacer

A veces, decir «no» puede ser muy importante. Pero no se olvide de ofrecer alternativas. Por ejemplo: «No, cariño, no puedes tocar el reproductor de CDs de papá». Y, enseguida: «Pero vamos a elegir algo para jugar», proponiéndole dos o tres juegos o un libro para leer, y que ella elija. Así, aunque le haya impuesto un límite y ella no pueda hacer aquello que quería, podrá elegir una entre otras tres o cuatro opciones.

Es importante usar premios antes, y establecer las consecuencias de inmediato

No se olvide de premiar el buen comportamiento de su hijo, sin caer en exageraciones. Muéstrele una sonrisa o dígale una palabra agradable si colaboró en ordenar sus juguetes o en guardar las compras del supermercado. Apruebe sus buenas acciones de forma concisa y sin falsa alegría. Una simple frase, un beso sonoro o una breve expresión de conformidad con lo sucedido son suficientes. Lo importante es que el premio/aprobación sea frecuente, siempre que haya un motivo real. De esta forma, cuando sea necesario criticar o reprobar un hecho, evitaremos afectar la autoestima del niño. Él comprenderá que puede hacer las cosas bien, pero que también puede cometer errores. Por cierto, preferirá hacerlas bien porque obtendrá recompensas emocionales (consecuencia positiva). Y así como nunca debe olvidarse de premiarlo, debe reaccionar de inmediato ante una mala conducta. Dejarlo para después confundirá al niño, ya que no sabrá por qué lo están castigando, ni aprenderá a discernir entre un buen y un mal comportamiento.

Cuando el niño es pequeño, debemos ignorar aquel mal comportamiento que no cause problemas a nadie

En esta franja de edad son comunes las consecuencias inadecuadas que no perjudican a nadie. Las emociones son aún muy intensas y poco controladas. Es conveniente fingir no haber percibido una situación, para evitar choques con el niño. Tenemos que saber distinguir los conflictos que debemos enfrentar de aquellos otros que no valen la pena. Por ejemplo: el niño está tratando de armar una torre, pero como no puede, se irrita y tira todas las piezas al suelo. No es necesario intervenir siempre. Si él está jugando en su cuarto o en otro lugar donde no hay peligro de que se lastime o rompa algo, simplemente déjelo. Es importante que en algunos momentos pueda exteriorizar sus sentimientos.

Debemos consolarlo cuando lo necesita

Por lo general, cuando está triste, contrariado o irritado, como en el ejemplo anterior, el niño busca la ayuda de los padres. Es necesario consolarlo con palabras que expresen comprensión y darle cariño. Esto le da más seguridad.

Qué hacer ante los problemas de conducta

Accesos de cólera o malhumor

- Son frecuentes a esta edad; el niño aún no está socializado.
- Ignorar es la mejor solución.
- Cuanto menos hable y trate de convencerlo, mejor y más rápida será la solución.

- No espere que se calme escuchando la voz de la razón y la ponderación; él tiene mucha rabia y no consigue dominarla.
- Y mucho menos debe tener usted un acceso de cólera por el berrinche de su hijo. Usted es un adulto y no puede actuar como si tuviese la misma edad que él.

Permítale que demuestre su rabia, pero dígale que no quiere presenciarla

- Llévelo a un lugar donde no pueda lastimarse; esto es fundamental para proteger al niño descontrolado.
- Dígale con calma, sin gritar pero con firmeza, que ésa no es la manera de conseguir lo que desea, y que esperará a que se calme para después conversar, y...
- Retírese.

Si trata de agredirle físicamente, darle patadas, tirar cosas, etcétera

- Simplemente impídalo, agarrándolo con firmeza aunque sin provocarle daño, y mucho menos haciéndole lo mismo que él le hacía (he oído a muchos padres decir: «Mi hijo me mordió, entonces yo también le mordí para que aprenda que eso duele»; «Mi hijo me dio una bofetada y se la devolví: nunca más lo ha vuelto a hacer...»). La agresión infantil es fruto del desconocimiento de las reglas sociales; en especial a esta edad, cuando existe una incapacidad para controlar sentimientos muy fuertes.

- No se quede junto a él, gritando, suplicando, amenazando y mucho menos agrediéndolo o permitiendo la agresión. Simplemente, retírese.

Cuando recobre la calma, converse sobre lo que ha sentido

- Muéstrele que existen otras formas de exteriorizar sentimientos, con palabras objetivas y sin largos sermones. Debe ser breve e ir directo al asunto: «¡Qué pena! Mamá y papá están tristes porque te tiraste al suelo» o: «Prefiero que no te tires al suelo. Lo que hiciste no era correcto. No lo vuelvas a repetir porque no nos gusta». Y punto final.

¡Atención, papás y mamás!

- Es importante recordar que todas esas conductas tienden a desaparecer, aunque no por arte de magia, como muchos padres sueñan. En educación, todo tarda años en ser asimilado. Por lo tanto, es necesario tener mucha paciencia. Poco a poco sus cuidados tendrán resultados compensadores.

¡Pero lleva tiempo! ¡Lleva mucho tiempo! Debemos tener mucha perseverancia porque los objetivos son excelentes y no pueden ser abandonados.

Evitar crisis en lugares públicos

No hay nada peor que un niño con esos ataques de ira, tirándose al suelo, agitándose, gritando histéricamente y llorando que dejan a todos los presentes afligidos y sintiendo pena por esa «pobre víctima de unos padres intransigentes», ¡dando la impresión de que están siendo tratados con violencia! ¡Peor incluso en un restaurante, un supermercado o una fiesta con personas conocidas! ¡En fin! Lugares donde se reúne gente para «presenciar» aquello que le hace morir de vergüenza... y de ganas de librarse de esa situación.

Es importante recordar que esas escenas suceden porque, a veces, los padres exigen más de lo que el niño puede dar de acuerdo con su edad. Por lo tanto, la mejor manera de evitar esas situaciones (o por lo menos, disminuir bastante los efectos) es tomar algunas medidas básicas como las siguientes:

Evite salidas o ir de compras cuando el niño está cansado o con sueño

- No espere de su hijo más de lo que puede dar. Es normal que el niño tenga sueño a la noche y después de almorzar. Es una necesidad que debe ser atendida si no quiere problemas.
- Puede ser tentador querer cenar a las diez de la noche en un restaurante de moda y quedarse conversando hasta las dos de la mañana con su pareja, amigos y su hijo de dos o tres años; pero no espere que él esté feliz, sentado en una sillita durante tres o cuatro horas, en vez de estar acostado, calentito, en la camita que tanto adora, a esa hora en la que se cae de sueño... ¿Y si cambiamos de plan? Por ejemplo, invitar a cenar a unos amigos, pedir una pizza... dejar que su pimpollo duer-

ma feliz en su camita, y evitar así pasar un mal momento. Además, usted mismo se sentirá mejor al haber respetado la necesidad de descanso de su hijo, ¿no le parece?

Permanezca poco tiempo en los lugares de escaso interés para su hijo (supermercado, exposiciones).

Y si no fuera posible dejarlo, llévelo, pero no espere que se sienta motivado ni pretenda tener a un angelito sentado a su lado. Es muy común que los padres llenen a su hijo de juguetes, golosinas u otras cosas para quedarse más tiempo en un determinado lugar. Después no consiguen entender por qué el niño se puso tan caprichoso, tan exigente.

Si no puede evitar ese plan, lleve algunos juguetes

Si no puede dejar de ir a esos lugares tan aburridos para el niño, tome algunas precauciones para evitar el conflicto. Lleve alguna cosa para que se entretenga mientras se ocupa de lo que debe hacer. De esta manera los problemas serán menores... pero, ¡por favor, haga todo con rapidez!

Premie su buena conducta desde el inicio; después, de vez en cuando

Si a pesar de toda la incomodidad que le ha provocado al niño, él se porta bien, no olvide recompensarlo con una palabra, una sonrisa, un beso y, eventualmente, ¿por qué no?, un delicioso helado o una revistita... Pero cuidado: **eventualmente**, no siempre; y nunca con premios muy caros. A medida que crezca, deberá ir espaciando los premios, en especial los materiales. Pero no deje nunca de destacar con palabras y un gesto amoroso todo lo feliz que le hace que se haya comportado con corrección.

Jamás ignore un mal comportamiento que perjudique o cause malestar a otras personas; explíquele esto con claridad

De la misma forma en que se premia el buen comportamiento, aunque sea con palabras cariñosas o estimulando, cualquier actitud inadecuada debe ser rechazada con claridad, de manera objetiva, con convicción y de inmediato. Es preciso que los niños y los jóvenes tengan claros los derechos de los demás tanto como los propios. Y no piense que no entienden; si es directo y transparente, ellos lo entenderán. A esta edad no debe hablar más de uno o dos minutos para explicar algo; de lo contrario, ¡ellos se dormirán con sus palabras! Es importante que sea breve, pero que siempre converse. Los niños entienden más de lo que los padres imaginan.

14. Entre 5 y 7 años

Necesidades

- Conversar sobre lo que piensa y siente.
- Comunicarse con los padres y ser escuchado.
- Comprender normas y valores.
- Recibir aprobación de los padres y de otras personas con las que convive.
- Recibir cariño: el niño es muy mimoso a esa edad.
- Dormir aproximadamente 11 horas por la noche.
- Conocer las diferencias entre los sexos.
- Realizar mucha actividad física.
- Tener cada vez mayor independencia.
- Tener iniciativa e imaginación.
- Conocer el mundo que lo rodea.
- Etcétera.

Tareas de los padres

Si queremos que nuestros hijos nos respeten y respeten al prójimo, debemos comenzar por hacer lo propio: respetarlos, porque el ejemplo continúa siendo la mejor manera de educar. Si nosotros mismos no tenemos normas, ni límites, ni somos disciplinados, ¿cómo pretender que nuestros hijos sean diferentes? Por lo tanto, es saludable que sigamos algunas reglas y que las apliquemos a nuestros pequeños:

Defina normas coherentes de disciplina

Si las normas establecidas son justas y coherentes con la forma de vivir de todos los componentes de la familia, es mucho más probable que sean cumplidas sin oposición.

También es importante tener reglas sólo para lo que es en verdad necesario; no debemos transformar nuestra casa en un cuartel, ni convertir las actitudes hacia nuestros hijos en policiales. Fije reglas justas en todo aquello que necesite reglas. Y sólo eso. Por ejemplo, sabe que su hijo precisa (**necesidad**) dormir entre diez y once horas por la noche. Pero no se ponga nervioso por ello. Establezca las reglas y comuníquelas. «Son las nueve de la noche y es hora de ir a la cama.» Y no transforme esto en una lucha infernal y diaria; sólo que la norma se cumpla, con calma. Recuerde: nuestra calma depende de la convicción que ponemos en lo que hacemos. Avísele a las ocho y media de que faltan treinta minutos para ir a dormir. Ayúdelo, con cariño pero con firmeza, a cepillarse los dientes y cambiarse de ropa. Después, un cuento bonito y... ¡buenas noches! Si agrega amor y seguridad en la receta, ¡el resultado será delicioso!

Repita esto todas las noches, hasta que se convenza de que debe hacerse así...

Y aunque se aburra, no debe desistir. En educación, ¡las cosas realmente son lentas!

Enuncie las normas específica y claramente

Quien debe cumplir normas, primero tiene que conocerlas con claridad. Por eso es muy importante comunicar, de forma clara y objetiva, los principios que deberán seguirse. Asimismo, es muy útil explicar «el porqué» de determinadas reglas. A esta edad el niño ya entiende y posee un sentido de la justicia bastante desarrollado.

Defina las normas antes de que surjan los problemas

La mejor manera de evitar los reclamos es determinar con anticipación las reglas del juego. Por ejemplo, si van a hacer una salida a la playa, converse claramente con sus hijos antes de salir, explicándoles lo que podrán o no hacer.

Al menos a esta edad, su hijo no sólo comprende las normas bien fundamentadas y explicadas, sino que al entenderlas se sentirá con ganas de cumplirlas. Por lo tanto, ¡aprovechemos!

Si le permite que vaya a dormir a casa de un amigo el próximo fin de semana, explíquele que al día siguiente, a tal hora, debe regresar porque tiene que estudiar y realizar las tareas de la escuela. Y no se sorprenda si no cumple el horario establecido. Después de todo, ¡es tan agradable quedarse en casa de un amigo! No se enoje, ellos *siempre* tratan de prolongar un buen momento, ¡no sólo su hijo! Comprenda su deseo aunque no sea una necesidad, ¿de acuerdo?

Él ya pasó un día y una noche jugando mucho; dígaselo y recuérdele con convicción y cariño lo que se había pactado. Dé por terminada la conversación e infórmele que está saliendo para ir a buscarlo. Puede aprovechar para decirle que el fin de semana siguiente, *probablemente* pueda invitar a su amigo a pasar la noche con él, en su casa. No se trata de una

71

negociación ni de una promesa, es sólo una forma de mostrar al niño que tendrá otras oportunidades felices. Siempre que él respete lo que se pacte. ¡Un tanto para usted!

Si no fueran tomadas estas medidas, el niño podría suponer que se quedará todo el día y hasta dormirá otra vez por la noche, y cuando vaya a buscarlo podrá resistirse con vehemencia. Si él sabe de antemano lo que va a suceder, las cosas serán más fáciles.

A veces, aun conociendo las reglas, los niños tratan con insistencia de modificar lo establecido; en tal caso debe actuar de igual manera: negar cuando sea necesario y, eventualmente, conceder si no hubiera problemas. Pero si el niño tuviera que estudiar o realizar los deberes escolares, no dude. Recuerde también que si cede varias veces, en especial cuando se halla en la etapa de aprender hábitos, será cada vez más difícil restablecer lo acordado. Si tiene dudas o siente pena, recuerde que él ya se ha divertido bastante, que ya ha estado varias horas con su amigo. Repase las consecuencias que se podrían derivar de tener que ceder, para las próximas veces; pensando todo esto, tome su decisión: dejarlo un poco más (por un tiempo definido) o ir a buscarlo, pero sin culpas.

Limite las opciones

Entre los 5 y los 7 años, el niño suele ser bastante sensato, pero como está en una etapa de gran desarrollo intelectual y motor, podrá querer hacer cosas por sí mismo. Los padres deben colaborar e incentivar esas actividades, dando todo su apoyo para que se sienta independiente y con confianza. Si algunas de esas cosas no las hace todo lo bien que nos gustaría, no seamos tan exigentes. Un ejemplo: su hija de cinco años decide vestirse sola y se pone la falda al revés. Primero elogie todo lo que ha conseguido hacer y sólo más tarde pregúntele si se ha dado cuenta de lo que hizo mal. Ella misma tratará de ponerse la falda de nuevo. Otra posibilidad es dejar todo como está, si es que van a quedarse en casa. Únicamente la debe ayudar si se lo pide. Aplauda siempre su persistencia, en vez de decir: «Vamos, apresúrate, estás tardando mucho». Lo mismo hay que hacer a la hora de bañarse o si quiere comer o cortar la carne sola. ¡Debemos estimular a nuestros hijos si queremos que crezcan! Tampoco actúe de la manera contraria: riéndose o burlándose de sus esfuerzos, a veces medio torpes. Sólo puede aprender aquel que hace.

Asimismo, si el niño trata de hacer algo que supera sus posibilidades, será necesario intervenir, con respeto y cariño. Ofrézcale otras opciones explicándole que no le ha dejado hacer tal cosa porque aún no puede, aunque pronto podrá. Por ejemplo, su hijo quiere usar el martillo o el serrucho para arreglar un juguete que se ha roto. Usted analiza la situación y concluye que es una tarea muy peligrosa. En ese caso, le debe ofrecer otra herramienta o dejar que él elija una más segura. ¡Listo! Procediendo de esta manera, habrá estimulado y protegido al mismo tiempo. Otro ejemplo: sale de compras con su hijo, y él quiere elegir su ropa. ¿Le dejo o no le dejo? Seleccione cuatro o cinco prendas adecuadas a las necesidades del momento y al dinero disponible, y que él decida. Así no corre el riesgo de comprar una ropa de invierno en verano, o ropa de colores absurdos o muy cara. Todos estarán felices: su hijo, porque tendrá la ropa que quería; y usted, porque estimuló su independencia y le permitió que expresara su gusto personal, sin costes excesivos y sin conflictos. ¡Perfecto!

Decida cuándo es necesario enfrentarse

Luche sólo por lo que vale la pena. No pelee ni discuta por cosas irrelevantes. Si decide que tiene que cortarse las uñas y hoy no quiere hacerlo, déjelo para mañana (siempre que esto no ocurra todas las veces). Poner límites no significa ser rígido. Algo que no es importante puede hacerse después. El niño también tiene derecho a expresarse y ser atendido, lo que favorece su crecimiento y capacidad para tomar decisiones. Si no quiere comer todo lo que ha preparado, aunque lo haya hecho con mucho amor, no insista. Si él quiere pintar su dibujo todo de verde, no interfiera.

Reserve sus energías para cosas realmente más importantes, aquéllas relacionadas con su formación moral, hábitos de estudio, programas de televisión que puede ver, manera de tratar a los otros, etcétera.

Cierta vez, una madre me dijo que *obligaba* a sus hijos a leer todos los días porque consideraba que la lectura es esencial; no tenía televisor en su casa «porque los programas no enseñan nada». ¿No estaría exagerando? ¿Los resultados serán buenos? ¿Surgirá el hábito de la lectura con una imposición tan fuerte? ¿O los niños se desesperarán por la televisión de los amigos y odiarán en el futuro abrir un libro?

Entonces, la cuestión es saber equilibrar los derechos y deberes. De los hijos, y de los padres también.

Técnicas que pueden usarse

Use el sistema de premios y consecuencias

Continúa siendo una opción interesante, de buenos resultados, con la ventaja de que en esta etapa ya podemos conversar con más profundidad con el niño. No olvide dejarle que exprese lo que piensa, en especial lo que tiene que ver con sus sentimientos.

Premie la buena conducta

Siempre es conveniente estimular la conducta adecuada, porque predispone al niño a aceptar las críticas ante una mala acción.

Prémielo proponiendo actividades placenteras, antes que con cosas materiales

Vale la pena recordar que los mejores premios, incluso en esta edad, continúan siendo las actividades conjuntas, en especial aquellas que son de interés y preferencia del niño. Todo padre conoce cuáles son los gustos de su hijo. Y de esta manera es más fácil premiar. El éxito de esta forma de actuar depende mucho de la sensibilidad de los padres. Realizar una actividad conjunta que no tenga nada que ver con el placer del niño será prácticamente un castigo y no una recompensa. Al elegir los premios recuerde las necesidades de nuestros niños en esta etapa: mucha actividad física, iniciativa, imaginación, curiosidad por el mundo que los rodea, etcétera. Si considera esto, sabrá escoger el premio que más agrade a su hijo: una visita al Planetario, al Museo Arqueológico o al Museo de la Ciencia dará rienda suelta a su imaginación. ¿Y por qué no salir con él y enseñarle a jugar a los bolos? Además de sentirse de verdad premiado —algo que lo incentivará a repetir acciones positivas— estará estableciendo una buena base de entendimiento que será esencial en la adolescencia.

Suspenda el premio en caso de mala conducta

Si, a pesar de habérselo advertido varias veces, su hijo adopta una conducta inadecuada o antisocial, debe suspender el premio que antes habían acordado. Supongamos que decide recompensar a su hijo llevándolo al centro de videojuegos con dos amigos. Todo va bien y todos se están divirtiendo mucho hasta que su hijo se enfada al perder en un juego y comienza a golpear el aparato, a dar patadas o a insultar a sus amigos. Trata de calmarlo pero sus actitudes agresivas continúan, sin escuchar sus avisos. En este caso, incluso tratándose de un premio, tiene todo el derecho a interrumpir la actividad debido a su mal comportamiento. Lógicamente, después de haberle dado dos o tres oportunidades, y no más que eso.

Procure que el niño se responsabilice más de sus actos

El ejemplo mencionado sirve para ilustrar que, en cualquier circunstancia, debemos tratar de que nuestros hijos comprendan que son responsables de sus actitudes y de las consecuencias, buenas o malas. Si su hijo mayor ha roto a propósito el juguete de su hermano menor, tendrá que saber que no lo puede hacer otra vez. Compre un nuevo juguete para sustituir el roto y dígale: «Papá acaba de gastar el dinero que tenía para comprar tu libro de cuentos, porque ha tenido que comprar otro juguete para tu hermano. ¡Qué pena! Estoy seguro de que no lo volverás a hacer; cuando pueda, y si juegas correctamente con él, compraremos tu libro».

Pero ¡cuidado! Espere que esta última condición se cumpla. No salga corriendo al día siguiente a comprar el libro: «¡Ah, pero él se portó tan bien ayer!». Un día de espera es muy poco. Si usted «se muere de pena» y procede así, el niño lo volverá a hacer de nuevo. Es muy importante que se dé cuenta de que se ha equivocado y que usted por ello no le ha comprado lo que deseaba.

Estimule todas las actividades que puedan realizar solos:

bañarse, cepillarse los dientes, calzarse, atarse las zapatillas... No los critique si no lo hacen a la perfección. Resalte los progresos para estimular la independencia y autoestima de sus hijos.

Encomiéndeles pequeñas tareas bajo su responsabilidad: ellos disfrutarán mucho dándole de comer al perrito, yendo a buscar las cartas al buzón y haciendo otras cosas que estén a su alcance.

Es importante que participen en la decisión de cuáles serán las consecuencias de su mala conducta

Es evidente que esto será posible si se habla del tema antes de que haya surgido el problema; de lo contrario, es evidente que la elección puede ser muy severa o muy benevolente.

Es necesario establecer con anticipación las reglas de cualquier juego. Discutir con el niño lo que podrá ocurrir en cada situación es muy saludable, porque ayuda a desarrollar su sentido crítico, la capacidad de juzgar actos y hechos, así como su gravedad, extensión y consecuencias. Tal vez sus hijos le sorprendan siendo más severos que usted mismo. Bríndeles esta excelente oportunidad de practicar el ejercicio de los deberes y derechos.

15. ENTRE 8 Y 11 AÑOS

Necesidades

- Desarrollar actividades físicas.
- Establecer bases de conducta para la adolescencia.
- Relacionarse de un modo armonioso con los padres.
- Aumentar el círculo de amistades (puede sentirse atraído por «tribus» o grupos cerrados).
- Sentirse parte importante de la familia; esto se logra, por ejemplo, encomendándole algunas tareas domésticas.
- Sentirse bien en el grupo de amigos (¡atención!, pueden ofrecerle cigarrillos, alcohol y otras drogas).
- Desarrollar un raciocinio lógico.
- Mayor independencia.
- Etcétera.

Tareas de los padres

Es muy importante la actitud de los padres. Si proceden con equilibrio y seguridad en esta etapa, se podrán establecer sin mayores problemas bases fuertes para la adolescencia. Debemos aprovechar que a esta edad nuestros hijos todavía nos escuchan y aceptan ser orientados, en especial si procedimos de forma adecuada en las etapas anteriores.

Son válidos todos los puntos de la franja de edad anterior

Por lo tanto, debemos aplicarlos en esta etapa.

Defina los momentos de reposo o de realizar actividades más sosegadas

Debido a la gran actividad física, muchas veces los niños no consiguen parar y se excitan cada vez más. Son importantes tanto las actividades agitadas como las más sosegadas: los ejercicios físicos, pero también el desarrollo intelectual y las tareas y deberes escolares. Combine con sus hijos los horarios para jugar con los amigos en el jardín, la plaza o la calle, para estudiar, para practicar deportes; pero también —lo que es muy importante— un tiempo para no hacer nada o hacer lo que tenga ganas (navegar en internet, jugar con los juegos electrónicos, etc.). Es fundamental una cierta organización con los horarios y que haya tiempo para todo, sin sobrecargas.

Supervise el cumplimento de lo establecido

Premie o responsabilice, según las actitudes.

Acostumbre a sus hijos a decir dónde estarán y con quién

Si van a estudiar a casa de un amigo, acostúmbrelos a que le informen cómo se llama y cuál es el número de teléfono.

Aclare que es una cuestión de seguridad para ellos y para usted. Es muy importante reforzar este hábito, ya que será fundamental en la adolescencia. Si responden que desconocen el número, dígales que le llamen cuando lleguen a la casa del amigo. Siempre que sea posible, llévelos usted mismo; así tendrá la oportunidad de conocerlo, observar su casa y a sus padres, aunque sea de manera superficial. También será prudente invitar al amigo, para tener un contacto más próximo con él y los otros compañeros.

Como ya hemos mencionado, a esta edad suelen ampliar el círculo de amistades; es necesario, por lo tanto, estar muy atentos.

No se olvide de reservar un rato todos los días para conversar con ellos

Cree un clima que permita al niño exponer sus ideas. No trate de imponer su opinión en esos momentos, aunque sus puntos de vista sean divergentes con los de él. Escúchelo con atención y en silencio, sabiendo que es muy difícil. Después de que termine, dígale con claridad lo que piensa al respecto. Al fin y al cabo, sólo están conversando. Lo importante es abrir puertas de comunicación franca. Si comienza a hablar y hablar, dando lecciones de moral, la conversación concluirá de inmediato. Si no creamos este saludable hábito de escuchar a nuestros hijos, o lo postergamos, es probable que el diálogo no se establezca nunca. A los niños de entre 8 y 11 años les gusta conversar con nosotros y contar los hechos cotidianos. Aprovechemos. Será fundamental para que no nos escondan muchas cosas en su adolescencia. ¡Y sin duda esto es así! Menos del 20% de los jóvenes cuentan todo a los padres. En especial, aquellos que nunca lo hicieron antes...

Alértelo sobre la posibilidad de que le ofrezcan drogas

Aunque nos cueste creerlo, a los ocho años ya es posible que alguien, incluso un compañero de escuela o de cualquier otro ambiente que nuestro hijo frecuente, le ofrezca cigarrillos, bebidas alcohólicas, marihuana y hasta otras drogas como crack. Todos nuestros esfuerzos deben estar dirigidos a conseguir que nuestros hijos dispongan del suficiente equilibrio emocional que les permita decir «no» en esos momentos. Es importante recordar que a un niño a quien se le impusieron límites, con seguridad le va a resultar más fácil que a otro que sólo hace lo que quiere, simplemente porque el «no» ya es parte de su vida y no resulta, por lo tanto, algo desconocido.

Asegúrele que no perderá a su amigo por decir «no»

Uno de los argumentos más poderosos utilizados por los «seductores» es el chantaje emocional. Prepare a su hijo para esas situaciones, mostrándole lo que puede ocurrir y de qué manera. Prepárelo a escuchar de sus compañeros: «No eres capaz de decidir nada», «Eres un flojo», «Nene de mamá» o «¿Acaso no soy tu amigo? ¿No crees en mí?» o «Si no pruebas es porque no perteneces al grupo», etc. Esto no ocurre sólo con las drogas, sino en cualquier situación donde un grupo de amigos esté haciendo o pretendiendo hacer algo «contra las normas o contra la ley». Es necesario aclararle que los amigos verdaderos no exigen prueba de amistad, en especial aquellas que pueden perjudicar o que no están permitidas por la ley. Enséñele algunas disculpas que podrá utilizar para que no lo discriminen, tales como: «Ya fumé y no me gustó nada», «No soy débil como tú, no necesito esas cosas para estar alegre o feliz». O cualquier otra respuesta adecuada.

Dígale con claridad que debe rechazar siempre consumir drogas

Es preciso ser muy claros acerca de cuánto desaprueban ustedes el uso de drogas o cualquier acto ilegal, y además advertir que hacerlo significa no sólo correr serios riesgos sino posicionarse en contra de los padres. Tener una actitud ambigua o miedo de hablar abiertamente sobre estos temas puede resultar muy problemático. Los padres deben ser totalmente transparentes para que el hijo sepa cuál es su posición al respecto. De esta forma, si él decide hacer algo que no corresponde o prueba alguna, sabrá que no cuenta con la aprobación de sus padres. Establezca los límites: «Aquí en casa nadie se emborracha ni se droga; somos todos felices estando sobrios». Explique también que no trabajarán para mantener vicios. Sólo una postura firme, pero amorosa, podrá alejar a un importante número de jóvenes de las drogas y de la marginalidad; aunque por desgracia, no a todos.

Pídale que si llegara a ocurrir, se lo cuente

Así podrá tomar medidas de inmediato, por el bien de su hijo y de sus amigos. Destaque que no es un acto de traición, sino que se trata de intervenir para salvar una vida o varias.

Hable con claridad con su hijo acerca de la dependencia

Bríndele mucha información; de este modo, él sólo se embarcará en esa terrible aventura si realmente quiere, consciente de los riesgos y de la total falta de apoyo de los padres, y sin poder alegar nunca ignorancia o falta de información.

Ayúdelo a tener sus tesoros bien protegidos

Los niños y las niñas de esta edad adoran coleccionar cosas de lo más diverso. No las destruya ni critique a su hijo; por el contrario, colabore a fin de que tenga espacio suficiente para guardar sus objetos preciosos y exhibirlos cuando lo desee. Respete a su hijo, y así él también le respetará.

No confunda respeto con falta de supervisión

Recuerde siempre aquellos dos jóvenes norteamericanos que consiguieron almacenar durante un año munición pesada (fusiles, ametralladoras y granadas) en sus cuartos, sin que los padres tuviesen la mínima idea de lo que estaba sucediendo, hasta que mataron a más de diez compañeros de escuela y poco después se suicidaron. En la actualidad existe una gran confusión respecto a «invadir la privacidad» y la falta de atención de los padres con lo que ocurre en la vida de sus hijos.

Es correcto y respetuoso llamar a la puerta antes de entrar. Pero si viven con la puerta cerrada, si nunca le permiten entrar, si le hacen esperar varios minutos, si escucha confusión y barullos extraños, ¡atención! Algo va mal. Supervisar y estar atento es bien diferente a invadir o quitar la libertad.

Controle su higiene personal

Aunque ya hagan todo solos, es importante echar una mirada de vez en cuando, con discreción... Con respecto a la higiene íntima, debe orientar en especial a las niñas, que ya pueden estar menstruando.

Refuerce los valores éticos

Si practican deportes o son aficionados a los juegos, debemos orientarlos sobre la importancia de la competencia sana y honesta, en especial acerca de la lealtad. También es importante que sepan perder (puede parecer increíble pero he visto padres estimulando exactamente lo contrario: ganar a cualquier precio, incluso con actitudes deshonestas o desleales hacia los compañeros).

Tolere pequeñas rebeldías

No se preocupe por cualquier cosa. La necesidad de independencia y de tomar decisiones autónomas comienza a acentuarse en esta etapa de la vida. Acepte e incentive las decisiones positivas y critique las inadecuadas, sin humillar o atacar a la persona, pero siempre haciéndole conocer su punto de vista. *Oriente argumentando.*

16. En la adolescencia

Necesidades

- Amor y afecto.
- Seguridad.
- Ambiente familiar tranquilo, donde el joven pueda encontrar apoyo en sus frecuentes crisis de inseguridad e identidad.
- Pertenecer a un grupo de amigos buenos y saludables.
- Privacidad y respeto.
- Proyecto de vida y objetivos inmediatos y claros.
- Respeto y comprensión por las dificultades por las que atraviesa.
- Libertad para tomar decisiones; habilidad para saber manejar todas las situaciones en las que se sienta maduro y capaz.
- Límites que lo ayuden a protegerse de la propia falta de madurez u omnipotencia.
- Tener valores éticos.
- Etcétera.

Tareas de los padres

Por lo general, los aspectos antes mencionados son válidos también en la adolescencia, con algunas características particulares:

Premie y recompense la conducta adecuada

Bríndeles siempre la posibilidad de discutir y expresar sus opiniones e intercambiar ideas.

Responsabilice a sus hijos por sus actos inadecuados

Es fundamental que aprendan, en especial a esta edad, a asumir las consecuencias de sus acciones; después de todo, ya no son niños y deben, por lo tanto, ser conscientes de sus actos y de sus consecuencias.

Demuéstrele afecto

Aunque manifiesten cierta molestia con el contacto físico o directamente lo rechacen, no se engañe, ellos precisan mucho amor. Pero a esta edad hay otras maneras de decirle «Te amo»: una sonrisa, una palmadita en la espalda, pasar un poco la mano por su cabeza, elogiar su ropa o su nuevo corte de pelo. Y también con un beso sonoro, medio al pasar, cuando estén solos y lógicamente sin que los amigos estén cerca.

Compréndalo

Es muy importante que los padres conozcan claramente las conductas normales de esta edad, para que puedan aceptar mejor ciertas posturas que a primera vista parecen desafiantes: la capacidad inagotable de oponerse a casi todo puede sacar de sus casillas a cualquier padre o madre, por más buena intención que tengan. Por consiguiente, vale la pena conocer bien esta etapa para dejar pasar algunas cosas y luchar contra todo aquello que no debe ser dejado de lado. Este conocimiento nos permitirá definir bien los límites de la adolescencia. A veces (muchas veces, incluso) el joven puede resultar muy irritante, lo que provoca alguna sanción innecesaria de los padres. Por ejemplo, un cierto grado de depresión es habitual en los adolescentes, y se expresa a través de la falta de aseo personal o en el desorden de su cuarto. Si somos conscientes de esto podremos tolerar «un poco de desorden» o «cierto abandono», evitando peleas inútiles y reservando energía para cosas más importantes. Supongamos que su hijo de 16 años llega borracho a casa. Deberá conversar seriamente con él y hasta podrá sancionarlo en caso de reincidencia, reduciéndole, por ejemplo, parte de la mensualidad para que no la gaste en bebidas (embriagarse, como mínimo, indica que le está sobrando dinero, ¿no le parece?). Un hecho como éste demostraría su falta de madurez, ya que el consumo de alcohol en los adolescentes, además de ser una infracción legal, puede causar una preocupación a los padres y generar dependencia en los hijos. No se debe permitir que el joven se comporte de manera descontrolada y sin límites.

Sea justo y equilibrado

Es importante mantenernos tranquilos, fundamentalmente en aquellas situaciones en las que nuestros hijos demuestran cierta falta de equilibrio o son injustos con nosotros (lo que no es poco común). Los padres debemos establecer un principio: mientras estén fuera de control, no será posible conversar. Cuando se calmen y consigan hablar «como la gente» retomaremos el diálogo y le mostraremos, con argumentos y sentimientos, cómo nos sentimos; además les diremos que es necesario ser coherentes: si desean ser tratados con justicia, deben hacer lo propio con los demás.

Tolere sus frecuentes momentos de malhumor, silencios absolutos, cara desagradable, reclamos constantes y quejas...

... mientras no traspongan los límites del civismo y del buen comportamiento en sociedad. Podrá permitir que su hijo adolescente permanezca mudo la tarde entera encerrado en su cuarto, escuchando música, siempre que no decida agredir, insultar o ser intolerante con los demás. Establezca con él las reglas para esos momentos «negros». Cuando se sienta bien, tranquilo y de buen humor, aborde el asunto señalándole hasta qué punto esa actitud causa molestias y disgusta a los otros; de todas maneras, el derecho a tener la cara larga no lo exime de cumplir las mínimas reglas de educación, como decir «Buenos días» al entrar a la cocina. Esos pequeños límites enseñan al joven a dominar sus impulsos, que en esta etapa suelen ser muy fuertes.

... lógicamente, siempre que quieran hablar, lo que no sucede con frecuencia; deberá saber esperar y ser más maduro que ellos, que son jóvenes y están aprendiendo. No pretenda que hablen cuando no quieren. No conseguirá nada, apenas creará una nueva situación de conflicto, poco o nada útil. Aguarde un momento más favorable. Ser madre o padre de un joven es realmente un arte... que sin duda tiene grandes compensaciones. Y preste mucha atención si ellos comienzan a contar algo. ¡Escuche con el corazón y la razón juntos, si es posible! No empiece a criticar, a hablar al mismo tiempo o a pelear. No servirá de nada...

Sus hijos deben conocer y respetar las normas vigentes en la familia

A veces los padres temen estar «pasados de moda», porque los propios hijos se encargan de transmitir esa idea (de que ya «fueron») o porque no tienen seguridad en sus posiciones y tienen miedo de parecer anticuados. De todas maneras, es preciso definir con claridad algunas reglas y normas en la familia, fundamentalmente aquellas que se refieren a la formación de hábitos relacionados con una vida saludable, responsable y ética. Por lo tanto, los padres deben ser claros y objetivos respecto de lo que consideran aceptable o no. Por ejemplo, si no aceptan el consumo de bebidas alcohólicas antes de los 18 años deben decirlo expresamente a sus hijos; si no admiten la posibilidad de que su hija «aparezca embarazada», también debe ser dicho, incluso para no crear falsas expectativas. Al fin y al cabo, con tanto incentivo en los medios, muchas jóvenes pueden pensar que sus padres adorarían tener un nietecito, aunque no tengan la menor posibilidad de criarlo ni madurez para educarlo. Resumiendo, defina con claridad los límites y desarrolle, desde el comienzo, pautas culturales como:

- Con relación a la sexualidad: existe una gran diferencia entre libertad sexual y promiscuidad, entre sexo y amor, entre libertad total y respeto propio. Discutir estas diferencias y ayudar a los adolescentes a juzgar es tan importante como hablar sobre la prevención del sida o del embarazo precoz, que son los temas que más preocupan a los padres.
- Con relación al consumo de bebidas alcohólicas o drogas, debe enseñarles que:

  - Siempre es aceptable negarse a beber y es inaceptable embriagarse, «pasar vergüenza» y después no acordarse de nada;
  - también es inaceptable beber, incluso de forma moderada, y conducir después un automóvil o practicar actividades de riesgo como escalar, ir en bicicleta o en moto, poniendo en peligro la propia vida y, en especial, la vida de los demás.

Sea coherente con las normas de disciplina

Recuerde siempre que las mejores normas son aquellas que pueden ser cumplidas. No establezca reglas que su hijo no pueda cumplir. Por ejemplo, pretender que todas sus notas sean mayores de ocho, de lo contrario prohibirle salir el fin de semana; no permitir al joven de 16 años que vuelva a casa de madrugada, sabiendo que hoy las fiestas comienzan a medianoche; puede establecer que en un día de fiesta regrese a las 4 de la mañana y a la 1 cualquier otro día que vaya a un bar, al cine o a la bolera, por ejemplo. De esta manera, estará siendo coherente y definiendo reglas posibles de ser cumplidas.

Estimule siempre a su hijo, buscando disminuir la falta de seguridad, característica propia de la edad, y eleve su autoestima

Si su hija se ve fea, poco sexy, poco atractiva, no se ponga triste. Es propio de la edad. Trate de mostrarle que todas las personas poseemos algunos puntos positivos y otros negativos, y destaque lo que ella tiene de bueno y bonito, incluyendo los aspectos humanos. No lo olvide: todos los jóvenes se sienten inseguros y molestos con tantos cambios corporales, y su enorme deseo de agradar al sexo opuesto.

Destaque los logros escolares, deportivos y sociales

Valore todos los logros: buenas notas, aunque no sea en todas las materias; un nuevo corte de pelo, la camisa que acaba de comprarse, la nueva novia o novio. Coméntele cuánto valora su buen gusto y capacidad. Es interesante que elogie su personalidad resaltando que es diferente de la suya. Además de transmitirle seguridad, permitirá que él acepte con menor resistencia cualquier crítica o límite que le imponga cuando sea necesario. Total, él está con su autoestima bien elevada...

Busque permanentemente oportunidades para dialogar

Siempre que pueda, converse con sus hijos. Con preferencia, cuando estén en casa y sin los amigos. Ellos detestan que los padres se «mezclen» con los amigos y se comporten como si fuesen iguales. Durante la cena, cuando ven televisión o simplemente cuando no están haciendo nada, son momentos indicados y tranquilos para un diálogo interesante. No converse con su hijo sólo cuando debe reñirle o imponerle límites. Todo funciona mucho mejor cuando existe un clima agradable en casa, cuando se habla mucho de todo: política, fútbol, cotilleos, incluso, y sólo de vez en cuando, una conversación «seria».

Sea breve y objetivo

Es muy bueno ir directamente al asunto, sin dar muchas vueltas, y hablarle con suavidad, con dulzura, pero con firmeza.

Sea auténtico

No «disfrace» sus puntos de vista por miedo a desagradar a su hijo; no deje de decir lo que piensa sobre cualquier asunto, con argumentos verdaderos. Trate de conseguir que su hijo se habitúe a buscar la verdad en usted y no en otras fuentes.

No permita que salgan sin decir adónde van y con quién

A esta edad es todavía importante que digan adónde van, con quién y aproximadamente a qué hora volverán. Ofrézcales ir a buscarlos siempre que sea necesario. Esto es importante, ya que protege y nos permite conocer a sus compañeros. Insisto: no debe permitirle salir si no dice adónde va. Explíquele que no lo debe tomar como un control, sino una manera de expresarle amor y seguridad; y que esa regla no se discute. Como ejemplo, invierta la situación y pregunte a su hijo: «Si no me sintiese bien y necesitase tu ayuda, ¿cómo podría contar contigo, mi mejor amigo?». Ésta es una de las maneras de hacerles comprender nuestro argumento. Es habitual que el comentario de ellos sea: «Mi madre vive controlándome, ¡qué agobio!». Hablándoles de ese modo y demostrándoles nuestros sentimientos y preocupaciones, ellos verán las cosas de otra manera, y tal vez... ¡hasta nos comprendan!

Con la moda del móvil, muchos padres deciden dar uno a sus hijos creyendo que a través de ellos podrán saber dónde están y comunicarse cuando quieran. Pero en realidad no es así; el hecho de poder hablarles no significa que los encontrarán donde habían dicho que estarían. Lo ideal es establecer un clima de confianza que permita que los hijos no consideren absurdo decir adónde van o dejar el teléfono, dirección o nombre del que organiza la fiesta, etcétera, independientemente de tener móvil o no.

Acepte y estimule su independencia

Es importante recordar que la independencia y la iniciativa son las mayores señales de que nuestros hijos están creciendo, para convertirse en verdaderos adultos. Por lo tanto, no debemos impedirles caminar con seguridad y coraje rumbo a esa dirección. Una cosa es proteger, orientar y marcar límites, y otra es impedir que tomen decisiones y adopten actitudes para las cuales están capacitados. Observe a su hijo: quizás descubra que tiene razón cuando reclama que lo trata como a un niño. Esto no es amor, como juzgan algunos padres, sino más bien falta de percepción, de sensibilidad y, a veces, hasta de madurez. Dejemos que nuestros hijos crezcan, principalmente si estamos tranquilos de haberles dado una formación ética básica en su infancia. Debemos confiar en ellos y en el trabajo que llevamos a cabo a lo largo de los años.

Esa necesidad de independencia muchas veces no es bien aprovechada por los padres. Los jóvenes quieren ser independientes, pero es necesario no desvincular esa independencia de las responsabilidades. Hoy en día es común ver jóvenes que no colaboran en la casa, por poco que sea. Muy libres y conscientes de sus derechos, pocas veces se disponen a utilizar su independencia para ayudar, de alguna manera, en las tareas de la casa, o ser solidarios con la familia, los hermanos y los padres. Si éste es el panorama, será necesario intervenir con rapidez. A medida que crecen y se valen por ellos mismos, deben también cumplir con algunas obligaciones, tales como: ir a pagar las cuentas al banco o ir a la farmacia a comprar el medicamento para la madre o el champú que se ha acabado, y no que aparezcan diciendo de modo angelical: «Mamá, hay que comprar más champú». En este caso, «devuélvales la necesidad», es decir, que ellos mismos lo compren, no sólo porque lo necesitan, sino porque falta para toda la familia. También es importante que laven sus zapatillas, cosan los botones de su ropa o hagan cualquier cosa que usted considere que pueden hacer. No permita que sus hijos sólo disfruten del esfuerzo de la familia y de los otros. Despierte en ellos el placer de participar, producir y demostrar sus capacidades. Quizás al principio no les guste, pero es necesario que comprendan que a cada derecho le corresponde un deber. Y si no lo aceptan, ¡nada de derechos! ¿De acuerdo?

17. Y SIENDO ASÍ...

Recuerde siempre que, cuando sea necesario, con autoridad y sin autoritarismo, la última palabra, tratándose de los hijos, la tendrán los padres

Está claro que aunque seamos muy sensibles e incentivemos siempre el crecimiento y la independencia de nuestros hijos, a veces necesitan saber que existe una autoridad, alguien que decide algunas cosas por ellos y que hasta los protege de sus propias audacias e impulsos. Prohibiéndole las bebidas alcohólicas antes de que cumpla 18 años, que conduzca sin permiso de conducir o que vaya en el coche de su amigo menor de edad que conduce a escondidas, él podrá disculparse a sí mismo y tener una disculpa frente a los otros, aunque piense: «Sólo mis padres son así, los padres de los otros son más considerados». Ésta es una óptima excusa para que ellos mismos eviten correr ciertos riesgos que la propia edad y falta de madurez los lleva a enfrentar.

Hasta que sean adultos es importante que sepan que:

- aunque se practique la democracia en el hogar,
- aunque se respeten sus opiniones, sus respectivas personalidades y privacidad,
- aunque el diálogo sea una característica que distingue a la familia,

- aunque haya respeto y armonía siempre que sea posible, nada de esto excluye la necesidad de tener una jerarquía en la familia, es decir, la autoridad de los padres. En última instancia, agotados todos los demás recursos mencionados —repito, agotados todos los recursos—, la última palabra, hasta que sean adultos independientes económica, afectiva y profesionalmente, será *la palabra de los padres*. Y esto no debe tomarse como un ejemplo de autoritarismo, violencia o falta de respeto; muy al contrario, representa cuidado, responsabilidad y amor.

18. Límites de los padres

Estamos casi terminando...

Sólo falta que reflexionemos sobre un aspecto que es tan importante como los trabajados hasta ahora...

Los padres, para poner límites, necesitan TENER LÍMITES ellos mismos.

Nadie puede dar lo que no tiene, ¿no es cierto?

Entonces, es necesario recordar algunas reglas básicas que de ninguna manera se pueden ignorar y que constituyen nuestros propios límites, sin los cuales no conseguiremos el respeto y afecto de nuestros hijos, y, especialmente, jamás seremos ejemplos para ellos...

... o seremos pésimos ejemplos, ¿no?

Nunca imponga límites a sus hijos persiguiendo su propio interés o placer personal

Es decir, no tiene valor establecer un horario para que el niño vaya a dormir, acostumbrarlo y exigirle que lo cumpla; y un determinado día de un fin de semana, sin niñera, llevarlo a la fuerza porque usted quiere salir, quebrando así la propia norma. Los límites se establecen para que el niño —en el corto, medio y largo plazo— sea el beneficiado. ¿Recuerda los problemas que puede ocasionar la falta de límites en nuestro hijo? Es por eso que se imponen los límites, para que crezcan sanos afectiva y socialmente.

Pero puede ocurrir, eventualmente, que las reglas se suspendan por una necesidad y no para atender su propio placer. ¿Recuerda lo que hablamos respecto al deseo y la necesidad? Para nosotros también vale... Una cosa sería llevar al niño, por la noche, al cumpleaños de la abuela o a un casamiento al que no puede faltar. Y otra muy diferente es desvirtuar la regla privándolo de su sueño organizado, justo cuando se está habituando a la norma establecida, sólo porque se muere de ganas de salir una noche. No olvide que tener un hijo es una opción personal. Si decidimos tenerlo, debemos asumir de manera automática algunas limitaciones para nuestras vidas...

No viole las reglas; eso también es falta de límites. No lo olvide: su hijo está siempre aprendiendo

Cierto día, compraba entradas para el teatro cuando oí que el vendedor le informaba a un señor que estaba con su hija de unos 13 años que la obra estaba prohibida para menores de 18. El hombre insistía: «Pero si ella está conmigo, ¿no puede entrar?». En realidad lo que le importaba al padre era poder ver la obra, aunque el tema fuese totalmente inconveniente para la buena formación de la hija. ¿Y qué estaba enseñando en esa ocasión? Que la ley es válida sólo para los otros. Mañana, si la hija burla la ley, ¿qué podrá decir? ¿Podrá escucharlo y obedecerlo? La ley tiene que valer tanto para uno como para todos. Ningún ciudadano puede dejar de cumplirla y mucho menos dar el mal ejemplo a los hijos, si es que quiere ayudar a formar ciudadanos...

No establezca normas diferentes para sus hijos. Lo que vale para uno, vale para todos

Proteger a un hijo en detrimento del otro es inaceptable. Todos deben tener los mismos derechos, con las mismas recompensas o castigos. Deben ser tratados de la misma manera frente a la misma conducta, aunque uno sea más cariñoso, simpático o menos agresivo, y usted se identifique más con él.

No confunda reglas con posibilidades: un hijo de 8 años puede tener que ir a dormir a las 9.30 de la noche, pero el de 14 puede hacerlo más tarde. Y es fundamental diferenciar las posibilidades de acuerdo con la edad; el menor podrá hacer lo mismo cuando crezca. Pero justicia, derechos y deberes deben ser iguales para todos. No existe nada que perjudique más la autoestima de un niño que sentirse discriminado por los propios padres, frente a un hermano u otra persona. Críe hijos justos siendo justo.

No use los límites como pretexto de su poca paciencia o tolerancia frente a las necesidades de sus hijos

Los padres no deben definir límites únicamente para «facilitar» su propia vida. Por ejemplo: si su hijo de 7 años se está divirtiendo, riéndose a carcajadas con su amiguito, jugando con sus muñecos superhéroes (hoy los niños también juegan con muñecas) y escucha «¡pum! ¡tam! ¡plaf!», un griterío infernal que le vuelve loco, la situación debe estar comenzando a molestarle mucho; después de todo, ha trabajado muchas horas y lo que más quiere ahora es mirar el telediario, tomando un vinito y en silencio. ¡Ah, el bendito silencio! ¡Cuánto necesito de él! Y no dice nada. De repente enloquece, porque no ha tomado las medidas para evitar llegar a esa situación tan molesta. No ha puesto límites ni ha llevado, por ejemplo, a los niños a jugar al cuarto. Se va enfadando cada vez más, calentando la cabeza, en especial por no haber intervenido a tiempo. Entonces, ya fuera de control, les grita a los dos, echa a la visita, zarandea a su hijo y lo encierra en su cuarto diciendo que es hora de estudiar. Todo niño sabe cuándo una medida es justa o no. Por lo tanto, no arruine la comunicación con sus hijos con actitudes que los dejen sin confianza ni equilibrio. Si procede de esta manera, ¿cómo puede esperar ser mañana la persona que su hijo busque para un consejo o un diálogo? Actúe con equilibrio y antes de dejarse llevar por las emociones.

Con el pretexto de imponer límites, no espere que su hijo comprenda, acepte o se comporte de manera que responda a las NECESIDADES de la edad

¿Recuerda aquella regla? Si no quiere que su hijo de 3 o 4 años tenga un «ataque histérico» en el restaurante, no lo lleve a las 10 de la noche esperando que esté feliz por dormir con los brazos cruzados sobre la mesa, o que se entretenga escuchando la conversación de cuatro adultos bebiendo cerveza durante tres horas seguidas... es necesario tener conciencia de lo que ellos pueden hacer o no, sin que esto signifique que debemos quedarnos siempre en casa por tener hijos, ¿no le parece? Pero no cabe duda de que los programas deberán ser más espaciados y dentro de las posibilidades... Salvo que quiera ver a su hijo corriendo, tumbando sillas, atropellando personas, tirando cubiertos y platos de comida, lloriqueando sin parar o durmiendo en la falda de un amigo que, sin darse cuenta, cometió el error de sentarse al lado de él... Recuerde: quien no tiene hijos no está obligado a cuidar a los hijos de los otros un sábado por la noche, ¿o no es así?

Hay muchas maneras de ponerse de acuerdo con su hijo para que todos puedan hacer lo que quieren... Use la creatividad; cambie un poco el programa original o alterne con algunos amigos. ¡En fin! No olvide nunca: usted es el adulto; y él, el niño.

No abuse de sus derechos

Como hemos visto, en diversas ocasiones la palabra final debe ser la de los padres, pero se espera que ellos sean sensatos y sepan distinguir las situaciones en las cuales es justo usar ese derecho, *aquéllas en las que estén realmente defendiendo, protegiendo y dando seguridad a los hijos.* Por eso, lógicamente, «tiene prohibido» elegir la novia de su hijo, su carrera, su ropa y el corte de pelo, si es adulto, etcétera. Una cosa es el control y otra muy diferente el límite.

Al usar sus derechos, en especial no se olvide de los derechos de sus hijos:

- Amor.
- Seguridad.
- Respeto.
- Igualdad de trato.
- Justicia.
- Poder disponer bastante tiempo de los padres.

Bibliografía

ABBAGNANO, N. y VISALBERGHI, A., *Historia de la pedagogía*, Madrid, Fondo de Cultura Económica de España, 1984.

BRAGA, R., *O comportamento hiperativo na infância*, Curitiva, Consciencia, 1998.

CERIZARA, B. Rosseau, *A educaçao na infância*, São Paulo, Scipione, 1990.

CLIMENT, C. E. y GUERRERO, M. E. C., *Como proteger seu filho das drogas*, São Paulo, Maltese, 1992.

FERRERO, E., *Reflexões sobre alfabetização*, São Paulo, Cortez, 1989.

FREINET, C., *La escuela moderna francesa: una pedagogía del sentido común*, Madrid, Morata, 1996.

FREIRE, P., *Pedagogia de l'autonomia*, Valencia, Edicions del Crec, 2003 (en catalán).

GADOTTI, M., *Pensamento pedagógico brasileiro*, São Paulo. Ática. 1998.

GARDNER, H., *Inteligencias múltiples*, Barcelona, Paidós, 1998.

GOLEMAN, D., *Inteligencia emocional*, Barcelona, Kairós, 2004.

GOTTMAN, J., *Inteligência emocional e a arte de educar nossos filhos*, Rio de Janeiro, Objetiva, 1997.

MACHADO, N. J., *Cidadania e educação*, São Paulo, Escrituras, 1997.

MACHIAVELLI, N., *El príncipe*, Madrid, Alianza, 1998.

MONTESSORI, M., *Montessori em família*, Lisboa, Portugália, s.f.

OLIVEIRA, M. K. Vygotsky, *Aprendizado e desenvolvimiento - Um processo sócio-histórico*, São Paulo, Scipione, 1997.

PIAGET, J., *Epistemología genética y equilibración*, Madrid, Fundamentos, 1980.

—, *El criterio moral en el niño*, Madrid, Martínez Roca, 1984.

SANDSTROM, C. I., *A psicologia da infância e da adolescência*, Rio de Janeiro, Zahar, 1975.

SAVASTANO, H. e col, *Seu filho de 0 a 12 anos*, São Paulo, IBRASA, 1982.

SCHAEFER, C. E y DIGERONIMO, T. F., *How to talk to teens about really important things*, San Francisco, Jossey-Bass, 1999.

TEITELBAUM, P., *Psicologia fisiológica*, Rio de Janeiro, Zahar, 1976.

TERDAL, L. y KENNEDY, *Produção independiente*, Rio de Janeiro, Rosa dos Tempos, 1999.

ZAGURY, T., *Sem padecer no paraíso - Em defesa dos pais ou sobre a tirania dos filhos*, Rio de Janeiro, Record, 1991.

—, *Educar sem culpa - a gênese da ética*, Rio de Janeiro, Record, 1993.

—, *O adolescente por ele mesmo*, Rio de Janeiro. 1996.

—, *Encurtando a adolescência*, Rio de Janeiro, Record, 1999.

Tulsa City-County Library
Bixby Library

Customer ID: ***********5960

Items that you checked out

Title:
Beber verde : la dieta saludable: consejos y
recetas para adelgazar, energizar, alcalinizar
y sentir
ID: 33345069384189
Due: 6/18/2019

Title:
Owl sees owl / by Laura Godwin ; illustrated
by Rob Dunlavey.
ID: 33345080023379
Due: 6/18/2019

Title:
Poner límites a tu hijo : cmo, cundo y por qu
decir "no". / Tania Zagury
ID: 33345035032672
Due: 6/18/2019

Title:
The gift that I can give / Kathie Lee Gifford ;
illustrated by Julia Seal ; translated by Yanitzia
C
ID: 33345085379106
Due: 6/18/2019

Title: Welcome Comfort / Patricia Polacco.
ID: 33345022371570
Due: 6/18/2019

Total items: 5
Account balance: $0.00
6/4/2019 2:14 PM
Checked out: 5

To renew:
www.tulsalibrary.org
918-549-7323

We value your feedback.
Please take our online survey.
www.tulsalibrary.org/245